U0471160

世图心理

博客：http://blog.sina.com.cn/bjwpcpsy
微博：http://weibo.com/wpcpsy

让内的理性主义

THE DISCOVERY OF THE UNCONSCIOUS

发 现 无 意 识 之 旅

Henri F. Ellenberger

[法] 亨利·F. 艾伦伯格 著

卢欣渝 译

李慧宁 审订

中国出版集团有限公司

世界图书出版公司
北京 广州 上海 西安

图书在版编目（CIP）数据

让内的理性主义 /(法) 亨利·F. 艾伦伯格著；卢欣渝译. -- 北京：世界图书出版有限公司北京分公司, 2024.11. -- ISBN 978-7-5232-1754-2

Ⅰ. B565.59

中国国家版本馆CIP数据核字第2024AL4542号

THE DISCOVERY OF THE UNCONSCIOUS: THE HISTORY AND EVOLUTION OF DYNAMIC PSYCHIATRY

Copyright©1970 by Henri F. Ellenberger

This edition published by arrangement with Basic Books, an imprint of Perseus Books, LLC, a subsidiary of Hachette Book Group, Inc., New York, New York, USA. All rights reserved.

书　　名	让内的理性主义
	RANGNEI DE LIXING ZHUYI
著　　者	［法］亨利·F. 艾伦伯格
译　　者	卢欣渝
审　　订	李慧宁
责任编辑	李晓庆
装帧设计	人马艺术设计·储平
出版发行	世界图书出版有限公司北京分公司
地　　址	北京市东城区朝内大街137号
邮　　编	100010
电　　话	010-64038355（发行）　64033507（总编室）
网　　址	http://www.wpcbj.com.cn
邮　　箱	wpcbjst@vip.163.com
销　　售	新华书店
印　　刷	三河市国英印务有限公司
开　　本	880mm×1230mm　1/32
印　　张	6.75
字　　数	118千字
版　　次	2024年11月第1版
印　　次	2024年11月第1次印刷
版权登记	01-2013-8368
国际书号	ISBN 978-7-5232-1754-2
定　　价	59.00元

版权所有　翻印必究
（如发现印装质量问题，请与本公司联系调换）

目录

第一章　皮埃尔·让内的生活背景　001

第二章　皮埃尔·让内的家庭背景　007

第三章　皮埃尔·让内一生大事记　015

第四章　皮埃尔·让内的人格　049

第五章　与皮埃尔·让内同时代的人物　067

第六章　皮埃尔·让内的贡献一：哲学　077

第七章　皮埃尔·让内的贡献二：心理自动机制　083

第八章　皮埃尔·让内的贡献三：心理分析　101

第九章　皮埃尔·让内的贡献四：探索神经官能症　125

第十章　皮埃尔·让内的贡献五：心理动力学理论　135

第十一章　皮埃尔·让内的贡献六：
　　　　　了不起的心理整合　157

第十二章　皮埃尔·让内的知识源头　179

第十三章　皮埃尔·让内的影响　195

按时间排序，皮埃尔·让内是动力取向精神医学体系的首位奠基人，创建新体系的目的是取代19世纪那些体系。正因为如此，皮埃尔·让内的成果成了纽带，将早期精神医学和各种较新的体系联结在了一起。若论对早期精神医学的了解，或者说对其（换个说法，至少可以说有意识地）加以利用，没有哪位精神医学开拓者能超越皮埃尔·让内。他的成果也成了弗洛伊德、阿德勒、荣格的主要思想源泉，这几人或多或少直接受到浪漫主义的启发。不过，皮埃尔·让内跟他们不一样，他的路是自己蹚出来的。以皮埃尔·让内为一方，弗洛伊德、阿德勒、荣格为另一方，两相比较，后人可以看出，"启蒙运动"和浪漫主义精神彰显出了鲜明的对比。

第一章

皮埃尔·让内的生活背景

第一章 皮埃尔·让内的生活背景

1859年,皮埃尔·让内在巴黎出生,并于1947年在那里去世。除了在外省教过几年书,且多次远赴海外,他一生都居住在巴黎。从言谈举止和生活习惯方面说,他是个地地道道的巴黎人。

1859年,皮埃尔·让内出生时,拿破仑三世(Napoleon Ⅲ)的统治正处于巅峰时期。然而,没过几年,拿破仑三世卷入了灾难性的墨西哥战争①,其政权江河日下,并于1870年在法德战争②中败北,最终被扫出历史舞台。巴黎被围困期间,11岁的皮埃尔·让内及其家人饱尝饥荒和炮轰,她母亲的出生地斯特拉斯堡被德国人占领和吞并。皮埃尔·让内青少年时期经历了法国的迅速复苏和伟大的经济繁荣和学术繁荣,以及法兰西殖民帝国的建立。1886年,皮埃尔·让内发表最初几篇学术论文期间,法国正在经历布朗热主义运动

---

① 美墨战争。——译者注
② 普法战争。——译者注

狂潮，那一运动短时间内掀起了爱国热情，以及让阿尔萨斯和洛林大区回归法国的想法。在相对和平的1889年到1905年间，皮埃尔·让内的首批重要著作得以出版。1905年到1914年间，欧洲的人们感到，紧张氛围日益增长，一系列危机相继浮现，其严重程度持续升级，导致第一次世界大战于1914年爆发。战争以协约国的胜利和《凡尔赛条约》的签署结束时，皮埃尔·让内已年届60。法国在战争中耗尽了国力，丧失了世界大国地位，此后经历了一系列学术和道德危机。1925年，皮埃尔·让内重新开始梳理自己的各种理念，并开创了一个新体系，在法国政治和道德一派混沌中，该体系几乎不为人知。1933年，希特勒在德国掌权时，皮埃尔·让内已经73岁，并于两年后退休，不过他依然笔耕不辍。第二次世界大战爆发时，他已有80岁高龄。后来他经历了德国入侵和法国被占，1944年巴黎解放时，他已是84岁的高龄老者。1947年离世之际，享年87岁的皮埃尔·让内似乎成了"另一个时代的人"。

皮埃尔·让内是中产阶级上层人士，他的家族培养了许多学者、律师、工程师。他是多种专业的圈内人，他交往的都是与他同时代的法国最前沿学者。皮埃尔·让内是个不可知论者和思想开明的人，不过他从不涉足政治。自1907年伊始，直到离世，他一直居住在巴黎瓦莱纳大街，那里弥漫着专属贵族和交际圈的氛围。尽管如此，他治疗的大多数患者，以及为他的精神病学研究提供素材的人们却属于几个较贫穷的阶层。

总而言之，我们可以将皮埃尔·让内描述为法国中产阶级上层的代表人物，他的一生贯穿了整个法兰西第三共和国时期，他一生大部分时间都在巴黎度过。

第二章

皮埃尔·让内的家庭背景[1]

---

[1] 作者在此向海伦妮·皮雄-让内夫人和梵妮·让内小姐致以真诚的谢意,正是她们向作者提供了大量关于她们的父亲以及让内家族史的信息。

第二章 皮埃尔·让内的家庭背景

皮埃尔·让内富裕的曾祖父皮埃尔-艾迪安·让内（1746—1830）是一家书店的缔造者和店主，他一手创建的这家书店位于巴黎圣雅克大街。①他造就了6个儿子对文学和戏剧的偏好。6个儿子中的皮埃尔-奥诺雷·让内也成了个书商，专攻音乐书籍。1832年，这个儿子英年早逝，身后留下了两儿一女，他们分别是儒勒、保罗、费利西泰。小儿子保罗（1823—1899）成了远近闻名的哲学家，也是家族②的骄傲。大儿子儒勒（1813—1894）最初投身于商业，根据家谱中的记述，小儿子保罗鼓励儒勒转行攻读法律。一些文献将儒勒称作律师，虽然如此，他似乎从未真正涉足法律，他的谋生手段是充当法律编辑。儒勒结过两次婚，头婚对象是堂妹阿德雷得-安托瓦妮特·让内，两人1832年9月5日成婚。1850年，她为儒勒生下了女儿贝尔特，并于不久后辞世。数

---

① 这些信息源自皮埃尔·让内的叔叔的传记。参见Georges Picot, *Paul Janet, Notice historique*（Paris：Hachette, 1903）。
② 让内家族的姓名和相关日期等信息由塞纳省档案馆提供。

年后，儒勒前往斯特拉斯堡看望身为大学教授的弟弟保罗，其间结识了保罗的邻居——年轻的梵妮·赫梅勒。1858年4月10日，两人成婚，婚后生育了3个孩子，分别是皮埃尔、玛格丽特、儒勒。

关于赫梅勒家族，后人知之甚少。梵妮·赫梅勒的父亲弗朗索瓦-雅克·赫梅勒是斯特拉斯堡的一个建筑承包商，他有5个孩子，老大梵妮·赫梅勒1836年9月4日出生。赫梅勒一家都是虔诚的天主教徒，皮埃尔·让内的母亲梵妮更是终其一生坚守信仰。梵妮的妹妹玛丽生于1838年5月2日，受圣母升天日的启示，她成了修女，也是因为那次启示，她先后在巴黎和伦敦的修道院里度过了一生。（皮埃尔·让内的女儿海伦妮·皮雄-让内夫人回忆说，她童年时，父亲曾领着她前往伦敦看望姑妈。）赫梅勒一家属于法国强烈的爱国帮派阿尔萨斯帮，他们认为，德国吞并阿尔萨斯和洛林大区是家族的耻辱。[1]这些家族里的许多人留在了阿尔萨斯，另一些人则迁回了法国。家族传闻是这么说的：梵妮·赫梅勒的一位兄弟溜回法国，加入了法军，后来成了一名军官（在德国人看来，这么做令人生疑），此外，一次他身穿便装秘

---

[1] 斯特拉斯堡档案库主任菲利普·多兰热情地向作者提供了市政登记处文献里有关赫梅勒家族的一些影印件。

密到访斯特拉斯堡，由年轻的侄子皮埃尔·让内陪同。

关于皮埃尔·让内的父亲的人格，后人知之甚少。家族传闻里的说法为，他腼腆、孤僻、精神衰弱，虽然如此，他是个非常善良的人。皮埃尔·让内曾提到自己童年记忆里的一件事：他在父亲的书房里反复进进出出，每次都用脚踢门，父亲始终一言不发，就那样默默地看着他。末了，幼小的皮埃尔·让内厌倦了那样玩下去，自己走开了。难道这意味着，他父亲真的消极，没有能力做出回应，或者正相反，他是个特别明智的人，通过展示耐心，战胜了孩子的暴脾气？

据说皮埃尔·让内的母亲是个非常聪慧、敏感、热心肠的人。皮埃尔·让内对母亲感情笃深，每次提到母亲，总会触及他内心深处的情绪。他是年轻母亲（生下他时，母亲才21岁）的大儿子，其时父亲已经45岁，父母的年龄差超过一代人。根据年代排序，皮埃尔·让内的同父异母姐姐，以及母亲的弟弟妹妹属于居中一代人。

儒勒和梵妮有三个孩子，他们分别是皮埃尔、儒勒、玛格丽特。玛格丽特嫁给了一个名叫维泰尔的男人。像母亲一样，她一辈子都是虔诚的天主教徒。儒勒（出生于1861年12月22日）成了个医生，还是泌尿科著名专家，他对心理学兴趣浓厚，并且在实习期间与哥哥合作，进行催眠实验。他的医学论文致力于神经性排尿障碍研究，为如今人们称之为"心身医学"的学科做出了可观的贡献，他后来在无尿症方面的研究亦如是。皮埃尔和儒勒两人终生对各自的家人照顾有加。①

对皮埃尔·让内有重要影响的族人是保罗叔叔，他不仅在事业上帮助皮埃尔·让内，似乎还成了这年轻人竭力模仿的榜样。在有生之年，这两个男人有许多惊人的相似处。孩童时期，两人均害羞、孤僻，都经历过一个阶段青少年抑郁症，而且都在度过那一阶段后事业有成。两人都在路易大帝中学和巴黎高等师范学院念过书，都有在大学和高中讲授哲学的资质，都在高等学府讲授哲学，后来也都成了大学教授和法兰西学会院士。保罗·让内还是许多哲学教材的撰稿人，那些教材都成了法国的经典，影响了两三代人，他还撰写了许多哲学史研究论著。这位哲学家的儿子也叫保罗·让内，后来成了著名电气工程师，还一手创建了格勒诺布尔综合理工学院，最终改为高等电力学院。他对哲学同样涉猎颇

---

① Jules Janet. *Les Troubles psychopathiques de la miction. Essai de psycho-physio-logie normale et pathologique.* Thèse méd., 1889–1890, No. 216. Paris: Lefrançois, 1890.

深，还撰写过一些科学哲学以及科学发现心理学方面的论著[①]。通过数不清的亲属，皮埃尔·让内与世界各地的高等院校、工程机构、政府机构有着千丝万缕的联系。

---

① Paul Janet. *Notes et souvenirs*. Paris: Gauthier-Villars, 1933.

皮埃尔·让内一生大事记

第三章

第三章 皮埃尔·让内一生大事记

皮埃尔·让内1859年5月30日出生在巴黎夫人大街46号，那是卢森堡公园附近的一条小街。不久后，他的双亲搬到了拉雷纳堡，他们在那里买了一所房子。拉雷纳堡如今是巴黎郊区，当年不过是个小城镇。与居住区内其他建筑格格不入的是，让内家的房子是依照文艺复兴风格建造的一座老房子，它有倾斜的岩板房顶，粉色的外墙。根据家族传闻，当初英勇的法国国王亨利四世将那片居住区赠给了芳名远扬的情妇加布丽埃勒·德斯特雷，而让内家的房子便是其府邸的一部分。直到如今，人们仍然将加布丽埃勒·德斯特雷府邸所在的那条死胡同命名为"加布丽埃勒·德斯特雷胡同"。皮埃尔·让内对那所房子及其附带的花园一直留有美好的印象。

皮埃尔·让内在德尚圣巴伯中学上过学，学校位于不远处的小镇丰特奈-欧罗斯。据说那时他是个非常害羞的孩子，很难与同学们相处。数年后，他去了位于巴黎的圣巴伯中学,那里是该学院的本部。圣巴伯中学是法国最古老和声誉最高的院校之一,曾经诞生过一大串令人印象深刻的名人,例如,出自该校的有圣依纳爵·罗耀拉、圣方济各·沙勿略、加尔文,以及数不清的著名科学家、政治家、军事家、作家。像该校那样可以骄傲地对外炫耀的院校屈指可数。该学院学术水平之高,与学院的历史名望并驾齐驱。1870年,普法战争爆发时,皮埃尔·让内11岁,其时父母不幸想到了个坏主意:搬离拉雷纳堡,暂时到巴黎安家,他们认为那里更安全,结果皮埃尔·让内一家饱尝了巴黎被围困的苦果。战争刚结束,孩子们又被送到母亲的娘家斯特拉斯堡,其结果是,年轻的皮埃尔·让内亲眼见证了那里的阿尔萨斯人遭受极度的痛苦和苦闷。像他母亲的族人一样,那些人都是狂热的法国爱国者,亲眼见证了阿尔萨斯被迫离开法国,被德国吞并。[1]

15岁时,皮埃尔·让内经历了一段时期的心理压抑,有好几个月,他中断了学业,同时还导致了他的信仰危机。好在他能克服心理压抑,重新找到心理平衡。从那往后,皮埃尔·让内成了个睿智的学生,还下决心献身哲学。

---

[1] Hélène Pichon-Janet. Pierre Janet-Quelques notes sur sa vie. *L'Évolution Psychiatrique*, 1950, No. 3, pp. 345–364.

1878年7月10日，皮埃尔·让内成功通过了高中毕业会考，同时修完了路易勒格朗中学为期一年的预科专修课，还成功地通过了巴黎高等师范学院严谨的入学考试。那是一所著名的预科院校，一群精英学生将要在那里生活3年，为取得法国高等学府的教授资质进行强化培训，学校也会塑造许多大学教授。巴黎高等师范学院向学生们提供最高质量的教育，也会给学生们留出大量自由空间和自由时间，为的是让学生们养成独立的思考能力。尽管存在犬儒主义和争论主义——所谓的"师范精神"，独立思考的人往往会陷入这种精神状态——影响，这样的人文环境却非常适合人与人之间建立长期友谊，这些人注定会成为同辈人中的学术领军人物。① 皮埃尔·让内有资格参加1879年的各科考试之际，在众多同样成功的竞逐者中，已经出现多位即将誉满天下的学者，特别值得一提的是杜尔凯姆（未来的社会学家）和戈布罗（逻辑学家）。皮埃尔·让内如何度过了3年在校生活，后人知之甚少。② 虽然如此，众所周知，他在1880年8

---

① Jules Lemaître. L'Esprit normalien. *Le Centenaire de l'École Normale Supérieure, 1795-1895.* Paris: Hachette, 1895, pp. 566-571.

② 巴黎高等师范学院教授马丁热情地引领作者前往学校的档案室查找皮埃尔·让内的资料。作者在那里仅仅找到两份资料：一份是皮埃尔·让内的申请书，标注日期为1879年2月1日；另一份是他父亲手写的授权书。

月3日拿到了文学学士学位,同年2月1日,身为哲学家和伦理学家的欧内斯特·贝尔索特①校长辞世,由历史学家甫斯特尔·德·库朗日继任。皮埃尔·让内利用部分业余时间钻研科学,并于1881年4月7日通过高中会考拿下了科学单科证书。②1882年9月7日,皮埃尔·让内参加了竞争激烈的哲学教师资格考试,名列第二(只有8位候选人获得了资格,其中包括名列第七的杜尔凯姆)。1881年,皮埃尔·让内在巴黎高等师范学院就读期间,国际电气博览会在巴黎举办,它揭示了一个全新的未来世界,人类生活将由科学、技术、电力主导。1882年还发生了一件轰动一时的事件,沙可在法国科学院宣读了论文,这导致官方为"催眠"正名,使催眠突然间具有了科学身份。一时间,沙可成了街谈巷议的热门人物,根据帕罗狄的说法,当时皮埃尔·让内已经预见到自己未来会成为医生,有能力解析沙可的各种理论。③在皮埃尔·让内之前进入该学院学习的学生还有柏格森和饶勒斯,后者被誉为伟大的法国社会主义领袖,前者成了那一代人里

---

① 贝尔索特还是 *Mesmer et le magnétisme animal*(Paris: Hachette, 1852)一书的作者,该书1879年重新编辑后出了个大字版。也许正是这本书引起了年轻的皮埃尔·让内的注意,让他关注到了动物催眠史。

② 皮埃尔·让内的档案详情源自巴黎医学院档案馆。

③ Dominique Parodi. Obituary of Pierre Janet. *Association Amicale de secours des anciens élèves de l'École Normale Supérieure*, 1948, pp. 27–30.

最著名的法国哲学家。在学术领域，柏格森和皮埃尔·让内两人有生之年一直保持着密切的联系。

1882年9月7日，在哲学教师资格考试中取得第二名后，皮埃尔·让内很快投身进了职业生涯。当时师范生可以免服兵役，人们认为，发誓投身教育10年，足以抵消服兵役。①

安排22岁的教授前往偏远的贝里行省，到位于沙托鲁的高等学府讲授哲学，是1882年9月23日由部里做出的一项决定。1882年10月4日，皮埃尔·让内开始工作。颇为有趣的是，1883年2月22日，他离开了那所学府，受命前往位于勒阿弗尔的学府。②在某一学年的中途，将一位教授从一所学府调往另一所学府，是件非同寻常的事，唯一合理的解释为，勒阿弗尔突然出现了一个职位空缺，急需一位教授前去补缺。人们认为，勒阿弗尔的地理位置远优于沙托鲁。离开沙托鲁前不久，也即1883年2月10日，皮埃尔·让内开了个讲座，主题为"物权的基础"③。据悉，这是皮埃尔·让内

---

① 强制师范生服一年兵役随后于1888年成了一项新立法。参见 André Lalande，L'Instruction militaire à l'école，*Le Centenaire de l'École Normale Supérieure*，pp. 544–551。

② 详细信息源自 J. Dupré，作者在此谨表谢意。J. Dupré是位于沙托鲁的让·季洛度高中的校长。

③ *Le Fondement du droit de propriété. Conférence de M. Pierre Janet.* Châteauroux: lmprimerie Gablin, 1883.
这可能是现存的唯一版本，文献现存于巴黎的法国国家图书馆。

发表的第一篇论文的来源。有意思的是，通过这篇论文，人们即可看出他随后发表的所有论著展现的逻辑轮廓、坚毅思想、清新风格。在他笔下，私有财产并非一直就存在，它既非形而上的必须，亦非自然的必须，而是人类根据其有用性创造出来的。人们应当使其完善，这么做的目的是在利益和公平之间达成协调。

接下来，皮埃尔·让内在勒阿弗尔度过了6年半时光（从1883年2月到1889年7月）。想当初，那是座工业和商业发达的滨海城市，当时的常住人口据认为达到了10.5万。主政的是一位思想进步的市长儒勒·希格弗里德，他属于阿尔萨斯的一个新教家族，德国吞并阿尔萨斯后，他的整个家族离开了那里。希格弗里德是个积极主动和精力充沛的管理者，对城市的福利非常上心。《勒阿弗尔消遣报》和《钟声报》是那一时期当地发行的两份周报，仔细阅读即可看出，维多利亚时代精神（据说，这种精神在那一时期的欧洲占主导地位）无疑在当地没有市场。两份周刊充斥着对清教徒市长的冷嘲热讽，当时他正致力于管控该市的卖淫和堕落。城市生活的另一个侧面是，民族主义和反德国人情绪的热浪总会此一时彼一时横扫勒阿弗尔。至于娱乐活动和社会活动，除了经常会有来自巴黎的戏剧团体到当地演出，当地还专门为催眠师们提供了表演舞台。例如，1883年5月，两份周报均报道称，令人悲催的是，一位教授想到并试图揭露多纳托使用的各种小伎俩，后者在现场观众的哄笑声中黯然离场。当年的女性爱上音乐家，或者写匿名信，这些状况都被归因于"癔症"，进而被推断为，这是女性得不到性满足的结果。这类报纸不怀好意地建议这些发癔症的女性找沙可治病。皮埃尔·让内多大程度上对这类狂热的生活感兴趣，或者说，他是否真的融入了这座城市的社会生活，如今我们不得而知。对他来说，生活在勒阿弗尔最大的便利是，与巴黎那边的人们交流既快捷又方便，因而他经常能见到自己的家人。小住巴黎期间，他还和弟弟儒勒一起给患者看病，当时弟弟是个医学生，对神经官能症和催眠术同样兴趣盎然。也是在那些年，皮埃尔·让内失去了母亲（他母亲1885年3月3日离世，享年49岁）。

关于皮埃尔·让内的学术活动，今人知之不多。毫无疑问的是，从他后来出版的教材可以看出，他开设了一门精心准备的和原创的哲学课。法国各学校的传统做法是，每学年结业典礼的重头戏是向那些成就最高的学生颁奖，颁奖前由青年教师团队的某位成员致辞，题目自定。正因为如此，1884年8月5日，皮埃尔·让内成了致辞人，他的演讲主题为

"关于哲学教学",那年的典礼由儒勒·希格弗里德市长主持。①致辞时,皮埃尔·让内说,人们理所当然认为,每一所法国学府都开设有哲学课,不过我们已然忘却,为获得在各学校独立讲授哲学课的权利,先辈们曾付出怎样的努力。既然人们如今可以享受如此多公民自由和政治自由,也正由于哲学的真正目的是让人们认识自身先入为主的各种观念和尊重身边人们的各种观念,讲授哲学变得尤为重要。两年后的1886年,皮埃尔·让内为马勒伯朗的作品之一②写了序,加了注,作为教材出版,被一些中学采用。

皮埃尔·让内在勒阿弗尔跟一位朋友合租一套房,那房子周边是个花园,他的业余爱好是园艺,这让他乐在其中。有个时期,合租房子的另一方为数学家同事加斯顿·米尔哈德,像皮埃尔·让内一样,他也是单身汉。众所周知,皮埃尔·让内将绝大部分业余时间投入勒阿弗尔医院,他在那里做志愿工作,追求自己的精神病学研究。

皮埃尔·让内在其自传的一个注释里描述说,作为刚刚

---

① 作者在此谨向勒阿弗尔高中学校的校长阿勒康先生表示诚挚的谢意,他向作者提供了一份致辞,原文1884年刊登在勒阿弗尔高中光荣榜上。

② Nicolas Malebranche. *De la Recherche de la vérité*. Paris: Alcan, 1886.

来到勒阿弗尔并且想拿下博士证书的年轻教授,他急于为论文找到合适的题目①。当时他正考虑就"感知的机制及其与幻觉的关系"写一篇论文,因而找了勒阿弗尔的著名医生吉贝尔博士;后者没有合适的患者可推荐,不过他告诉皮埃尔·让内一个非同寻常的目标:莱奥妮,人们可以从远距离外对她实施催眠。在吉贝尔博士请求下,莱奥妮被请到勒阿弗尔,参与皮埃尔·让内的实验。实验分阶段进行,前后持续数年。皮埃尔·让内请莱奥妮参与的第一批次实验从1885年9月24日持续到10月14日。皮埃尔·让内亲自证实,很容易即可对莱奥妮实施催眠,不仅可以直接催眠她,还可以从一定距离外催眠她,另外还可以给她一些"思想"方面的暗示,让她不折不扣地照做。关于第一批次实验,皮埃尔·让内写了篇论文②,于1885年11月30日由保罗·让内代表侄子在沙可主持的巴黎心理生理学学会大会上进行了宣读。皮埃尔·让内当时是否与会,如今人们已无从考证。不过,论文引起了轰动,从参会者之一朱立安·奥赫洛维茨博士所说宣

---

① Carl Murchison. *A History of Psychology in Autobiography*. Worcester, Mass.: Clark University Press, 1930, I, pp. 123–133.
② Pierre Janet. Note sur quelques phénomènes de somnambulisme. *Bulletins de la Société de psychologie physiologique*, I, 1885, pp. 24–32.

读论文①引发了广泛议论即可看出这一点。皮埃尔·让内陈述自己的多方观察时慎之又慎，没做任何结论。然而，作为那次信息披露的结果，急于亲眼见证莱奥妮的许多著名人物来到了勒阿弗尔。从巴黎来的人包括夏尔·里歇特、朱立安·奥赫洛维茨、马里利埃。英国心灵研究学会则组团前来，其成员包括弗雷德里克·迈尔斯，他弟弟阿·迈尔斯，西季威克。皮埃尔·让内的叔叔保罗和弟弟儒勒也加入了那些人。初步实验于1886年4月13日启动，主要实验在4月21日到4月24日之间进行。实验结果似乎证实，从一定距离外用心理暗示催眠的现象确有其事。然而，由于当时勒阿弗尔特别盛行舞台表演催眠，那些实验显然没向民众公开。②无论如何，那些实验得到了科学界的高度重视，皮埃尔·让内也因此结识了沙可、里歇特、迈尔斯，以及其他人。不过，令皮埃尔·让内"震惊和遗憾"的是，许多引用实验结果的人并没有来信向他求证准确信息，他们依据的反而是参考信息。皮埃尔·让内认为，谨慎的防范措施不够，不足以避免

---

① J. Ochorowicz. *De la Suggestion mentale*. Paris: Doin, 1887, p. 118.
② 《勒阿弗尔消遣报》和《钟声报》中只字未提那些实验。勒阿弗尔的首席档案管理员勒克罗克先生倾情相助，将那一时期以及随后数周在当地出版的日报翻了个遍，随后通知本书作者，未发现任何文章提及那些实验。

间接的心理暗示，各种公开报道也不够准确。长期以来，皮埃尔·让内还对超心理学研究持怀疑态度，并决心在系统研究催眠和心理暗示的基本现象时约束自己，至少短期内如此。

与此同时，皮埃尔·让内早已在勒阿弗尔的医院里开始做临床工作，医院里有波维列维奇医生开设的供他专用的诊室，他可以在那里为发癔症的女性做诊疗。据说，皮埃尔·让内曾用玩笑口吻将那间小屋称作萨尔·圣-沙可（那一时期，法国许多医院的诊室以圣徒的名字命名）。皮埃尔·让内认为，在勒阿弗尔工作的好处是，与萨尔佩特里耶医院的患者们不同，那里的患者以初诊为主，不那么老于世故，没有被医生们和学生们成百上千次诊疗过。不过，没过多久，皮埃尔·让内有了意外发现：莱奥妮以前曾做过通磁治疗。她目前的表现不过是磁疗训练的重复，以前她即表现如此。如今皮埃尔·让内从上一代磁疗师们的一些论著的描述中发现了这一点。在那些默默无闻的人眼里，如今沙可和伯恩海姆讲授的令人称奇的新鲜事，早在当初就不是新鲜事了。皮埃尔·让内重新发现的是个被遗忘的知识的世界。在一代一代向前追溯时，他认识到，即便是皮塞居尔和贝特兰德之类最早的磁疗师，也早已熟知如今人们自以为是新发现的大多数发现。皮埃尔·让内开始搜集这些老前辈的著作，后来他将这些知识用在了《心理治疗药》一书的历史溯源部分。

基于与莱奥妮打交道的经历，以及与前来勒阿弗尔对其进行验证的英国代表团打交道的经历，皮埃尔·让内给自己定下了三条方法论原则：第一，始终坚持在现场没有其他人的情况下亲自检查所有病人；第二，准确记录病人所说的和所做的一切（他将这一做法称作"动笔方法"）；第三，仔细审视患者们完整的人生轨迹，以及他们过去经历的治疗。如今看来，这些原则不足为奇，可是在那个年代，这些却属于奇谈。这些调研的第一批成果以连载形式发表在1886年到1889年出版的《哲学讽刺》杂志上，还成了皮埃尔·让内主要论文《无意识心理》的基础。

申领博士证书需提交一篇论述翔实的法文主论文，以及一篇不同主题的拉丁文副论文。皮埃尔·让内为拉丁文论文敲定的题目为《培根和炼金术士》[①]。他似乎迷上了弗朗西斯·培根的人格，形成这种人格的特殊性在于，后者既是年长的炼金术士们的学生（因而成了废弃的知识的传承人），

---

① Pierre Janet. *Baco Verulamius alchemicis philosophis quid debuerit*. Angers: Imprimerie Burdin, 1889.

又是全新的实验科学的拓荒者。旁人或许会认为，皮埃尔·让内从中发现了自身面临的问题的倒影，他自己就是延续一个世纪之久的传统哲学心理学的继承人，在这一领域，保罗叔叔是其晚期代表人物之一；与此同时，他感觉自己受了召唤，必须参与全新的实验心理学的创建，这已经由里博指出，他的主论文《无意识心理》是迈出的第一步。

一幅1889年的照片显示，皮埃尔·让内坐在他最喜欢的树下，那棵树位于勒阿弗尔的花园里，当时已临近他在那座城市生活的尾声。他很快会离开那里，前往巴黎，经受博士论文答辩大考。完事后，他将开启新的科学事业。他的面部表情平静而充满力量，思想凝重，从那些年人们给他拍摄的照片看，他的表情大都如此。

在希姆莱院长主持下，论文陈述典礼于1889年6月21日在索邦大学举行。[1]评审组由下述教授组成：布特鲁、马里恩、瑟尔斯、沃丁顿、保罗·让内[2]。评审组提出了许多针对论文的反方意见和论据，好在皮埃尔·让内用敏捷的思

---

[1] 详细信息源自Edmond Faral 1939年6月22日在索邦大学的发言。原文见 *Le Centenaire de Théodule Ribot et Jubilé de la psychologie scientifique française*（Agen: Imprimerie modeme, 1939）。

[2] Paul Janet. *Principes de métaphysique et de psychologie*. Paris: Delagrave, 1897, II, pp. 556–572.

维、缜密的论据、雄辩的口才给评审组留下了深刻印象。评审组祝贺了他，而且认可了如后事实：他站稳了哲学立场，并且出言审慎，并未冒犯医学界。

此前3年半时间，由于几篇论著的发表，皮埃尔·让内已经成为哲学界和心理学界的名人，如今他更是获得了大师美誉。由于有了新职位，他搬到了巴黎。他宣读论文的时机恰逢1889年巴黎举办盛大的万国博览会，全世界的科学家们从四面八方会聚到"光明之城"①，在同一时间段，会有多达三个或更多不同的会议无缝对接连轴举办。抛开其他会议不说，国际催眠实验和治疗大会的会期为8月8日到12日。②皮埃尔·让内是执行委员会委员之一，其他人包括李厄保、伯恩海姆、德热里纳、福雷尔，因而他有充分的机会结识心理学界和精神病学界的众位名人。300位与会者包括德苏瓦尔、迈尔斯、威廉·詹姆斯、龙勃罗梭，还有一位维也纳神经学家，名叫西格蒙德·弗洛伊德。

从一开始，皮埃尔·让内就清楚，如果拿不到医学博士学位，他就无法从事精神病理学研究，因而他下定决心，做

---

① 巴黎的别称。——译者注

② *Premier Congrès international de l'hypnotisme expérimental et thérapeutique*. Comptes-rendus publiés par Edgar Bérillon. Paris: Doin, 1890.

好本职工作和研究的同时，开始学习医学课程。从1889年到1893年，他把主要精力放在工作上，因为从1889年到1890年那一学年，他在路易勒格朗中学有教学任务，随后又在洛林学院有教学任务。在那一阶段的众多活动中，唯一能追踪到的皮埃尔·让内的活动是1892年7月30日他在颁奖典礼上的讲话，他对完成当年学业的学生们讲了如下一段话："你们在接受中等教育的10年里都学到了什么？一些知识，以及基础科学——这毫无疑问，还有通过翻译和作文之类训练养成的从事知识性工作的习惯。还有更多：中等教育的目的是帮助受教育者理解他人，理解各种社会问题，具备合理怀疑的态度，以及容忍他人持不同观点的态度。"①

1889年11月，皮埃尔·让内开始了医科的学习。②在那个年代，医科院校的学制仅为4年，包括一年基础课，科目有物理、化学、自然科学等，通常还要在第五年参加各科结业考试和提交论文。不过，皮埃尔·让内被免除了第一学年的学业，他的好运远不止于此，由于许多老师对他网开一

---

① *Discours de M. Pierre Janet à la distribution des prix du Collège Rollin.* Paris: Chaix, 1892.
② 巴黎医学院的首席图书管理员和档案管理员哈恩博士向作者提供了一整套包括皮埃尔·让内所有文献资料的影印件，作者在此谨表诚挚的谢意。

面，许多必修的科目他都不必进修。从1890年开始，他在萨尔佩特里耶医院沙可的病房里为患者们做检查。还有一些文献显示，他的行医舞台包括拉埃内克医院和圣-安托尼医院。在后一家医院，他见证过一个病例，一个14岁的女孩入院时有一些明显的神经症状，不久后她便去世了。尸体解剖显示，她的大脑有棘球蚴病。皮埃尔·让内就此病例发表了一篇论文[1]，让他不解的是，脑损伤如此严重，竟然表现出如此少的临床症状。他补充说，患者属于一个严重感染神经遗传症的家族，或许这可以解释如后事实：包虫位于脑组织内，而非其他器官组织里。1893年5月31日，皮埃尔·让内通过了各科结业考试，同年7月29日，他提交了医学论文。沙可是评审组主席，夏尔·里歇特是另外3位评审组成员之一。皮埃尔·让内以优异成绩毕业了。

与此同时，1890年，皮埃尔·让内重新开始了临床研究，他在萨尔佩特里耶医院调研的患者有丁女士、玛塞尔、伊莎贝尔、阿希丽，她们在皮埃尔·让内的一些论文的细节部分扮演了重要角色。以这些发现为基础，皮埃尔·让内构建了癔症理论，他首先在不同的期刊上进行了阐述，然后于

---

[1] Pierre Janet. Kyste parasitaire du cerveau. *Archives Générales de Médecine*, 7th series, XXVIII, 1891, II, pp. 464-472.

1893年在论文里进行了阐述,他的声誉早已跨越英吉利海峡。1892年,国际实验心理学大会在伦敦举办期间,他根据自己的研究,就"健忘症与无意识固化观念"宣读了一篇论文①。

很久以来,沙可对心理学兴趣特别浓厚,他和夏尔·里歇特联手创建了心理生理学学会。沙可在萨尔佩特里耶医院创建有庞大的研究部门,他渴望将实验心理学融入其中,为此目的,他开了个实验室,交由皮埃尔·让内负责。沙可需要皮埃尔·让内帮助其达成目标,皮埃尔·让内也需要沙可,这么做可在萨尔佩特里耶医院找到丰富的临床资料,这种安排展现了长期的和回报丰厚的合作的开端。皮埃尔·让内拿下医学博士学位时,沙可还是考官之一,然而,仅仅3周后,1893年8月17日,噩耗传来,大师突然地离世了。

1893年到1902年间,皮埃尔·让内在萨尔佩特里耶医院的工作相对轻松。沙可的继任者是神经学家福尔让斯·雷蒙德教授,他个人对心理学并不感兴趣,不过,他保留了萨尔佩特里耶医院的心理实验室,为皮埃尔·让内的研究开了绿

---

① Pierre Janet. Étude sur quelques cas d'amnésie antérograde dans la maladie de la désagrégation psychologique. *International Congress of Experimental Psychology*. Second Session, London, 1892. London: William and Norgate, 1892, pp. 26-30.

灯。由于皮埃尔·让内的大部分文章涉及萨尔佩特里耶医院的许多患者，数年间，那些文章都以福尔让斯·雷蒙德和皮埃尔·让内两人的名字联名发表。那一时期也是皮埃尔·让内在其他几个领域承担大量工作的时期。他依然在洛林学院讲授哲学，一直干到1897年，并且于1897年到1898年那一学年在孔多塞中学任教。随后，在同一时期，他首先被任命为索邦大学实验心理学教学组负责人（1898年到1899年间），接着被任命为讲师（1898年到1902年间）。也是在同一时期，即1895年12月到1897年8月，皮埃尔·让内受里博之邀，临时代替他在法兰西公学院任职。[①]1894年，皮埃尔·让内出版了哲学教材，他为此工作了12年，我们将在本书后续篇幅里谈论它。

皮埃尔·让内的个人生活也经历了一些变化。1894年，他迎娶了勒阿弗尔一位拍卖师的女儿玛格丽特·杜切内，父亲离世后，她就来巴黎生活了。小两口在贝勒查斯大街置了一套房，然后于1899年搬到了位于拉丁区的巴尔拜·德·茹伊大街。他们生育了3个孩子：海伦妮（后来她嫁给了心理分析家爱德华·皮雄、梵妮（后来她成了语文教师）、米

---

① 那些年，皮埃尔·让内在索邦大学和法兰西公学院就哪些主题开过讲座，迄今仍无法列出准确的清单。

歇尔（他干过工程师职业，后来英年早逝）。皮埃尔·让内过的是常规的学术生活，也即是说，每年他教9个月书，有3个月假期，他总会利用假期写点什么，或准备下一教学年的课程。通常他会在枫丹白露度假期，他经常长时间在林子里散步，观察植物。1894年10月22日，他父亲去世，享年82岁。

那些年，皮埃尔·让内的兴趣涉猎广泛，正如各种书评披露的，他的话题从大脑组织学到实验心理学再到犯罪学，不一而足。他的临床研究焦点从调研癔症转向了神经衰弱。他的研究范围突然开阔了。正因为如此，他在门诊和病房里接触了许多患者。他的研究也突然加强了。正因为如此，他选择少数几位患者，对他们进行持续数年的仔细研究和长期研究。在后一类患者里，有一位女性，由于患有宗教妄想狂喜症，她身上有圣痕。1896年2月，萨尔佩特里耶医院接收了她，皮埃尔·让内将她命名为"玛德琳"。在许多年里，她几乎在皮埃尔·让内的各种研究中占据了中心位置。此外，在位于旺沃的一家疗养院里，皮埃尔·让内还开设了自己的诊所，有专属自己的病人。在神经官能症领域，当时他已经拥有顶尖专家的声誉，经常会有外国人拜访他。1896年，国际心理学大会在慕尼黑召开期间，皮埃尔·让内就

"梦游症的影响"宣读了一篇论文，对旧有的人与人相处之道进行了全新的解读。

多年来，皮埃尔·让内一直在思考设立个新的心理学会，以取代心理生理学学会，沙可辞世不久，该学会即不复存在。1900年，国际心理学研究所在巴黎创立，一些资助者给予了财政支持，其中之一为谢尔盖·尤里耶维奇，他是俄罗斯帝国大使馆的一位专员。一个国际委员会也给予了资助，该组织的成员包括威廉·詹姆斯、弗雷德里克·迈尔斯、龙勃罗梭、西奥多·弗卢努瓦，以及泰奥迪尔·里博。[1]那个研究所的目标是什么，似乎没人认真阐述过；原本打算设立个精神病理学诊所，开设几家实验室，开个图书馆，出版个刊物。这些雄心勃勃的规划，多数都无法实现，不过，至少他们创立了心理学会，初创成员有40位，月会按期在学会的周边地区举行，还利用学会的刊物发表了论文集。学会的活跃分子有皮埃尔·让内，还有他的年轻的同事乔治·杜马医生，后者被任命为新学会的秘书长。从未有人撰写过那一心理学研究所的历史。学会为何没有进一步发展壮大，反而在数年后销声匿迹，了解其中的内情，一定会有

---

[1] Réunion constitutive de l'Institut Psychique. *Bulletin de l'Institut Psychique International*, I, 1900, pp. 13–21.

意思。

　　1902年，在法兰西公学院，作为实验心理学名义教授的泰奥迪尔·里博离职，接替他的候选人有两位，一位是皮埃尔·让内，另一位是埃尔弗雷德·宾尼特。1902年1月19日，在全体教授大会上，皮埃尔·让内的候选资格由柏格森为其辩护，宾尼特则由生理学家马雷为其辩护。[①]马雷历数宾尼特在心理学众多领域所做的许多实验，并且强调了他在实验心理学领域的技术；柏格森则强调了皮埃尔·让内在做研究和做实验时的条理性和专注方式，以及他在潜意识领域的一些特别重要的发现。决定权交到了教育部部长手里，1902年2月17日，部长决定选用皮埃尔·让内。从1895年12月到1897年8月，继而从1900年往后，皮埃尔·让内一直在顶替里博。从那往后，法兰西公学院成了他的活动中心。绝大多数听他讲课的人为外国来访者、非专业人士，很少有学生。法兰西公学院的规矩是，教授们必须每周讲一次课，每学年必须更换新主题，还必须提前公布选好的主题。1902年到1912年间，皮埃尔·让内讲授的主题计有正常的和病态的感情、意识、癔症和精神衰弱、精神疗法、各种趋向的心理

---

①　详细信息源自皮埃尔·让内的档案文献，该文献现存于法兰西公学院档案馆。

特点、认知、社会趋势。他还把一部分材料用到了后来出版的著作里，尤其是《强迫症和精神衰弱》和《心理治疗药》两本书里。1904年，他和朋友乔治·杜马一起创办了《心理学杂志》，从那往后，他在该杂志发表了那一时期撰写的大多数文章。1907年，他搬进了一个宽敞又漂亮的公寓，且一直在那里居住到离世。公寓位于所谓的圣-日耳曼区瓦莱纳大街44号，即马塞尔·普鲁斯特笔下多部小说描述的贵族区。公寓内有7间大屋子，一间华丽的大厅，一个凉台，皮埃尔·让内在凉台上种满了各种鲜花和仙人掌。

与此同时，萨尔佩特里耶医院的雷蒙德于1910年去世，他的职位由德热里纳接替，德热里纳对皮埃尔·让内及其工作满怀仇视。除此而外，还有像巴彬斯基那样一类人，他们仅仅保留了沙可所教的神经病学知识，对皮埃尔·让内满腹狐疑，批评其永远在重复沙可的各种错误。让我们不解的是，那些人设计了怎样的伎俩，将皮埃尔·让内从实验室和沙可从前的病房扫地出门。好在萨尔佩特里耶医院还有其他一些医生管理的病房，其中有神经学家纳热奥特医生，差不多可以说，他唯独对脑组织学感兴趣。他在法兰西公学院讲授的就是这门课。他在自己的诊室里腾出一个房间，交给皮埃尔·让内随意使用，使其能够保住少数患者，定期与他们接触。这些不稳固的外部条件导致皮埃尔·让内无法进行临床教学，因而他迫不得已拒绝了学生们的申请。[1]不管怎么说，皮埃尔·让内的名声在海外继续四处传播。1904年9月24日，万国博览会在美国密苏里州圣路易斯市举办期间，他在国际会议上就精神病理学开了讲座，会议由爱德华·考尔斯博士主持，那一届会议由阿道夫·迈耶博士担任秘书长。[2]根据家谱记载，皮埃尔·让内对出访美国，在圣路易斯、波士顿、芝加哥，以及其他地方受到热情接待万分激动。他还游览了落基山脉和尼亚加拉大瀑布。1906年6月，作为法兰西公学院代表团成员，皮埃尔·让内前往伦敦参加了伦敦大学组织的一系列庆祝活动。同年10月和11月，应哈佛大学邀请，他第二次访美，以癔症为题连续开了15个讲座[3]。他还前往罗马（1905年）、阿姆斯特丹（1907年）、日内瓦（1909年）参加了许多国际会议。

1913年8月，国际医学大会在伦敦召开。在精神病学分会场，大会组织了一场探讨弗洛伊德精神分析的会议。皮埃

---

[1] 欧内斯特·琼斯在其自传里说，他也有过相同的经历。参见 *Free Associations*（London: Hogarth Press, 1959, p. 175）。

[2] Howard J. Rogers. The Relationships of Abnormal Psychology. *International Congress of Art and Science, Universal Exposition*, St. Louis, 1904, V, pp. 737–753.

[3] *The Major Symptoms of Hysteria*. London: Macmillan Co., 1907.

尔·让内将发言对其提出批评，荣格将发言为其辩护。皮埃尔·让内提出的批评主要涉及两点：首先，他声称，对明确诊断为源自创伤的神经症，应当首选已然发现的通便疗法，因为他确信，精神分析不过是那一基本概念的优化提升；其次，他对弗洛伊德的梦的符号解析方法和性源性神经症提出尖锐的批评。他认为，精神分析是一种"形而上"的体系。①在本书后续某一节点，我们将回溯1913年8月8日那次令人难忘的会议，探讨荣格关于精神分析的发言及其引发的大讨论。平日里，皮埃尔·让内对科学探讨往往采取宽容态度，当时的场景似乎让他与那种态度分道扬镳了。习惯上，他总是极其谨慎地一一列举索引的出处，对前辈们表示极大的尊重，甚至会做到细致入微。不过，他也希望其他人对他表现出应有的尊重。看到弗洛伊德优化提升了他认为源自他的一些想法，几乎没做任何感恩表示，毫无疑问他因此感觉受了伤害，感到无比愤怒。后来皮埃尔·让内对那次情绪爆发表现出悔意。不过，在他的余生中，他一直坚信弗洛伊德

---

① 在皮埃尔·让内看来，这一词语无疑指的是奥古斯特·孔德的观念，即人类对大自然的解释分为三个阶段：一个是"宗教"阶段，各种自然现象通过众神或众精灵的干预得到解释；另一个是"形而上"阶段，人们热衷于各种虚假的抽象观念；再一个是"科学"阶段，在制定普世的规律时，人们仅考虑实验数据。

曾经对他不公。尽管如此，1914年6月16日，在心理疗法学会的一次会议上，弗洛伊德遭到了猛烈抨击，皮埃尔·让内却为其进行了辩护。考虑到当时法国的反德情绪正甚嚣尘上，那么做是需要勇气的。皮埃尔·让内的调停观点①发表在1915年出版的《心理疗法杂志》上，当时战争早已爆发。

从1910年往后，皮埃尔·让内将自己的教学提升至一个更加完善的"大脑的层级功能"体系。1915年，他对酗酒的研究还揭露出人们对社会问题和国家问题的深度忧虑。第一次世界大战期间，沙文主义大潮汹涌，将法国和德国全都淹没殆尽，仅有少数几位科学家对那种精神传染病具备抵抗力。由于皮埃尔·让内的母亲是阿尔萨斯人，说不定他的一些阿尔萨斯亲属在德国军队中服役，而让内家族的一些人在法国军队里服役，从那些年他撰写的所有文字作品里，人们完全看不出沙文主义的蛛丝马迹。

皮埃尔·让内为《心理治疗药》一书呕心沥血数年，而该书的出版被推迟到了1919年。这部全面而系统的关于心理学的论著厚达1100页之多，然而，它在结构上和风格上与人们在战后的前瞻和情绪格格不入。时代精神变了。就皮

---

① Pierre Janet. Valeur de la psycho-analyse de Freud. *Revue de Psychothérapie et de Psychologie Appliquée*, XXIX, 1915, pp. 82–83.

埃尔·让内的所有作品而言,这是最后一部被翻译成英文的作品。

好在皮埃尔·让内已经在新的方向开始优化提升自己原有的体系。1921年和1922年,他开了一门课——道德和宗教行为的演进。一位听了那门课的美国人在《美国心理学杂志》(American Journal of Psychology)发了一篇摘要[1],此人是纽约牧师沃·马·霍顿。25年来,皮埃尔·让内一直对玛德琳的病例痴迷不已,他以此为起点,围绕这一病例进行了大量心理学研究,并在《从极端痛苦到狂喜》一书里对此进行了详细阐释。法国和其他国家的科技交流渐渐有了新布局,1920年5月,皮埃尔·让内在伦敦大学开了3场讲座。1921年5月,他应邀前往纽约市附近的布鲁明代尔医院,参加医院举办的各种百年庆典活动,5月26日,他在该院开了场讲座。1922年5月,作为法兰西学院和法兰西公学院代表团团员,他参加了巴西独立百年庆典活动。他还参加了在英国牛津举办的国际心理学大会(1923年7月27日至8月2日)。1925年,作为交换教授,法国政府派他前往墨西哥,

---

[1] W. M. Horton. The Origin and Psychological Function of Religion According to Pierre Janet. *American Journal of Psychology*, XXXV, 1924, pp. 16-52.

他在墨西哥城大学受到盛情欢迎，用法语在那里开了15场讲座[1]。他还在普埃布拉开了两场讲座，在瓜达拉哈拉开了一场讲座。乘船返回法国期间，他再次访问了美国，在新泽西州的普林斯顿、宾夕法尼亚州的费城、纽约的哥伦比亚大学作了短暂停留。

从1925年往后，皮埃尔·让内进一步优化提升了行为心理学新体系。他于1925年到1930年间在法兰西公学院开设的多门课程被人结集出版，当年他亲自修订的书稿却未能成书。接下来数年，他开始将开设的各门课程都写成文字，后来这些文字都用到了他此生最后出版的几本书里。尽管皮埃尔·让内为新体系以及几个新理论的原创性投入了海量的工作，在法国，好像没几个人能在他新开辟的道路上跟进。很明显，人们花费了过长时间才把他的名字与"心理自动症"和"神经衰弱"概念联系在一起。不过，他的声誉在海外依然如日中天。1932年9月，他应邀前往布宜诺斯艾利斯开了一系列讲座[2]，随后在阿根廷境内北上，最远去了伊瓜苏

---

[1] Ezequiel A. Chavez. *Le Docteur Pierre Janet et son oeuvre. Discours prononcé dans le grand auditoire de l'Université Nationale de Mexico, le 14 aout 1925*. Publicaciones de la Secretaria de Educacion Publica. Mexico, D. F.: Editorial Cultura, 1925.

[2] *Journal des Nations Américaines: Argentine*, Nouvelle Série, I, No. 7, June 18, 1933.

大瀑布。1933年，他再次前往巴西，在里约热内卢开了多达20场系列讲座。1937年4月，他去了趟维也纳，见了瓦格纳·冯·尤雷克。不过，弗洛伊德拒绝与他见面。①

1935年2月，皮埃尔·让内从法兰西公学院的职位上退休，不过他的私人执业仍在持续。当时他的好奇心转向了心理学的新领域（例如笔迹学）和新的患者类型。他在亨利·罗塞尔医院为患有妄想狂病的患者做检查，并接受指导，修改和完善他的"被害妄想"理论。②他还在帕迪特-罗盖特监狱为犯有过失罪和刑事罪的女性做检查。③不过，令人遗憾的是，他从未就犯罪学研究撰写过任何文字材料。1935年到1937年间，他出版了最后3本书，然后在1938年就他研究的心理学整套体系扼要写了篇概述④，作为词条交给了官方的《法国百科全书》。1936年9月，他应邀参加了哈佛大学300周年系列庆典活动，同时还在那边开了讲座。

1939年，皮埃尔·让内庆祝了自己的80岁生日。为纪念

---

① Jones. *Das Leben und Werk von Sigmund Freud*. Bern: Huber, 1962.

② E. Minkowski. A propos des dernières publications de Pierre Janet. *Bulletin de Psychologie*, XIV, 1960, pp. 121-127.

③ Pierre Janet. Perspectives d'application de la psychologie a l'industrie. *Premier cycle d'étude de psychologie industrielle. Fascicule No. 1, Psychologie et Travail*. Paris: Cegos, 1943, pp. 3-8.

④ Pierre Janet. La Psychologie de la conduit. *Encyclopédie Française*, VIII, La vie mentale, 1938, pp. 08-16.

这次生日，女婿爱德华·皮雄编辑了一本纪念文集，里边收的都是亲属们写的文章。弟弟儒勒在回忆文章①里提到了莱奥妮病例，还谈到了在勒阿弗尔的那些实验。1939年6月22日，索邦大学举办了泰奥迪尔·里博诞辰百年纪念活动，组织者们还决定将皮埃尔·让内的庆典活动与其导师里博的纪念活动合二为一。整整50年零1天前，皮埃尔·让内的论文《无意识心理》获得通过。皮埃尔·让内念完追忆里博的发言稿后，皮亚杰、闵可夫斯基，以及其他人等做了赞誉皮埃尔·让内的发言。②

那一年还没过完，第二次世界大战便爆发了。德国刚开始入侵法国之际，皮埃尔·让内和夫人以及朋友乔治·杜马教授和夫人离开巴黎，一起在法国南部的莱迪尼昂度过了一个时期，不过，随后他们又返回了巴黎。除了法国人民普遍遭受的苦难，皮埃尔·让内还遭遇了失去一些最亲密的亲属和朋友的痛苦。1940年1月，他已经失去女婿爱德华·皮雄；1942年，他妹妹玛格丽特和弟弟儒勒相继去世；1943年10月，即将举行50年金婚庆典前，他夫人去世；1944年1

---

① *Mélanges offerts à Monsieur Pierre Janet par sa famille, ses amis et ses disciples à l'occasion de ses quatre-vingts ans.* Paris: d'Artrey, 1939.

② *Centenaire de Théodule Ribot. Jubilé de la psychologie française.* Agen: Imprimerie Moderne, 1939.

月，他儿子米歇尔去世；1945年，他弟媳去世；许多要好的老朋友也相继离世。

夫人去世后，皮埃尔·让内与女儿梵妮继续居住在位于瓦莱纳大街的大公寓里。1942年，让·德莱博士成了心理学教授，她被任命为巴黎圣-安娜医院开设的大学心理病诊所的负责人。让·德莱曾经是皮埃尔·让内的学生，她邀请皮埃尔·让内每周去诊所接诊几位病人。①皮埃尔·让内重燃了对精神病学的兴趣，深陷其中，1942年到1943年那一学年，83岁高龄的他每次都按时走进让·德莱教授的课堂，从未缺席一节课，这使得前去上同一门课的学生们万分惊讶，赢得了他们的赏识。看到这位耄耋老者如此兴趣盎然，他们何止表现出一点点惊讶。他还应邀给学生们讲了几次课。通过细心观察，皮埃尔·让内亲眼见证了全新的精神病学取得的诸多成就，与他在萨尔佩特里耶医院学到的精神病学大为不同。他还高兴地看到自己的一些想法当时有了怎样的新形态。从前他曾经预言，化学物质的引入将产生一种全新的催眠，麻醉分析实现了这一点。同时他还注意到，用麻醉安眠药治疗心灵创伤，与他在勒阿弗尔早期实验阶段最初治疗几

---

① 这些信息由让·德莱教授本人热心提供。

位患者的方法①异曲同工。皮埃尔·让内尤其感兴趣的是电击疗法，他亲眼见证了一位抑郁症患者经过将近1年精神分析治疗毫无效果，第三次电击后即治愈了。②

1946年8月，皮埃尔·让内应邀前往苏黎世，由伯格尔兹尼精神病院的曼弗雷德·布鲁勒教授接待，他是欧根·布鲁勒的儿子，皮埃尔·让内跟欧根·布鲁勒非常熟。皮埃尔·让内在伯格尔兹尼精神病院和瑞士应用心理学会发表了数次讲话。

1947年，皮埃尔·让内正在撰写一本关于信仰心理学的书，不过，那本书成了未完成作品。他在1947年2月23日和24日之间的夜里去世，享年87岁。葬礼于2月27日在巴黎圣克洛蒂尔德教堂举行，他被安葬在拉雷纳堡的家族墓地里，跟母亲、父亲、夫人、弟弟、妹夫葬在一起。他的墓上仅有以下内容：Pierre Janet，1859—1947。

---

① Pierre Janet. *Les Médications psychologiques*. Paris: Alcan, 1919.
② 据称，皮埃尔·让内曾说，如果能成功地找到一种根据医生们的意愿随时刺激癫痫发作的方法，即可将此种疗法应用到某些患者身上。对此，本书作者未能在皮埃尔·让内的任何作品里找到确切的论述。不过，这种想法在 *Les Médications psychologiques*（Paris: Alcan, 1919, II, p. 124）里有明确的表述。

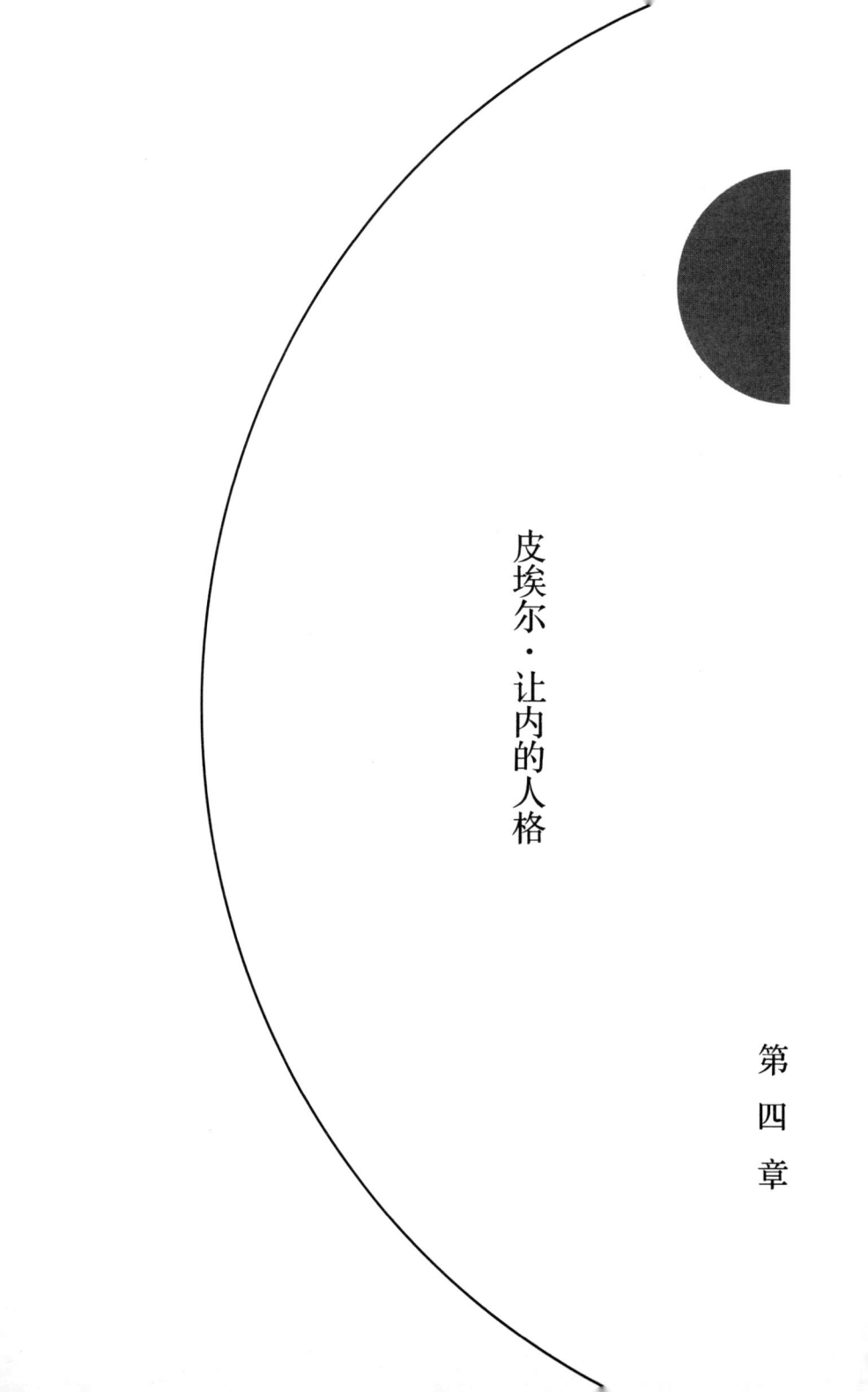

第四章 皮埃尔·让内的人格

第四章 皮埃尔·让内的人格

对皮埃尔·让内的人格做准确评估可不是件易事。在公开生活和私生活之间，他永远有一条明确的界限，他还刻意回避所有公开报道，例如，他从不接受记者们采访[①]。即使与密友们敞开心扉畅聊，他也不会轻易流露自己的真实感受。

皮埃尔·让内是个身材相当矮小的人，他年轻时瘦小，不过他晚年却极其茁实，他有褐色的头发，深色的双眸，浓密的黑眉毛，上髭永远修饰得一丝不苟。许多人记得，他是个相当好动和活泼的人，热情洋溢、聪敏机智，还是个出口成章和健谈的人。其他人则把他描述成沉默寡言的人，别人讲话时他总会洗耳恭听，不过他也会全副身心陷入冥想，经

[①] 据我们所知，皮埃尔·让内唯一一次接受采访由弗雷德里克·勒费弗公开报道，文章发表于1928年3月17日，后来收入了弗雷德里克·勒费弗编辑的 *Une heurec avec ...*（Paris：Flammarion，1933，pp. 48-57）中。实际上那不是正式采访，而是皮埃尔·让内与法国人类学家马塞尔·茹斯的研讨会，记者本人恰好在会场。

常会走神，有抑郁倾向。这看起来像极了同时反映出他双重人格的两个面，一面是她母亲的好动和生机勃勃，另一面是他父亲的"精神衰弱"。皮埃尔·让内存世的那些照片同样也反映了这两个面。那些以坐姿摆拍的照片通常展现的是他沉默寡言认真倾听的样子。他不知情时被抓拍到的那些照片展现的则是他沉浸在热烈的交谈中。他存世的手稿笔迹清晰，辨识度高。与那个时代大多数学者一样，他和同事们书信往来频仍。他从不口述信件，而是亲自动笔书写，他后来的书稿也都是用打字机打出来的。

皮埃尔·让内撰写过两次简明的自传提要，第一次是为卡尔·默奇森的作品《自传里的心理学历史》[1]。第二次是他离世一年前撰写，比第一次所写更全面。他解释说，自己投身心理学的使命感是某种折中，是坚定不移地追求自然科学的趋势以及童年和青少年时期形成的强烈的宗教情怀的折中。[2]他总会压抑自己莫名的癖好，让自己像莱布尼茨那样梦想着达成科学和宗教的和谐，其形态为一种尽善尽美的哲学，既能满足逻辑推理又能满足宗教信仰。皮埃尔·让内

---

[1] Carl Murchison. *A History of Psychology in Autobiography*. Worcester, Mass.: Clark University Press, 1930, I, pp. 123-133.

[2] Pierre Janet. Autobiographie psychologique. *Les Études philosophiques*, Nouvelle série, No. 2, 1946, pp. 81-87.

在提要中写道:"我始终未能发现那样的奇迹,不过我仍然是个哲学家。"将努力方向转向哲学后,皮埃尔·让内建立了一个特别庞大和复杂的体系,哲学科学的所有方面都能在其中找到合适的位置。在他最初撰写的那些哲学作品里,以及因其离世未能完成的一些哲学作品里,有一种显而易见的承前启后。理所当然的是,这其中会有许多改变,然而,这些改变呈现的不过是一些新的优化提升的特征,完全取代他先前那些理论的事少之又少。在他人生画卷的展开过程中,人们一样可以看到相同的承前启后。据说皮埃尔·让内儿童时期非常腼腆,不合群。后来出现了17岁危机,其表现为抑郁和走火入魔,尔后他成了个绝顶聪慧的学生和勤奋工作的人,并且终其一生始终如一。令人遗憾的是,关于他在勒阿弗尔度过的那7年,鲜少有证据存世,好在那一时期他出版的那些作品向人们展现出,他不仅是个学者,还是个技术极其娴熟的临床医生和精神治疗师。在萨尔佩特里耶医院拓展临床经验后,他那些闪光的品性必定会在巴黎发扬光大。1894年,在巴黎见过皮埃尔·让内后,马克斯·德苏瓦尔是这样评价他的:"他是个名闻遐迩的学者,还是个神经疾病领域受追捧的专家……他是个热情洋溢,满头黑发的人,说法语时满口巴黎腔，喜欢分享自己的各种经历。"①德苏瓦尔还补充说，虽然皮埃尔·让内在心灵感应和远距离心理暗示方面进行过许多成功的实验，他对这些事一直抱有怀疑。"他的批评内含酸性，足以溶解那些事实形成的白金，好在他言谈举止一向彬彬有礼。"话说到此，我们不妨提出一种假设：1893年，马塞尔·普雷沃斯特发表了小说《一个女人的秋天》②，故事描述的是几位神经病患者，以及萨尔佩特里耶医院的某个杜米埃医生，他技术特别娴熟地使用好几种精神治疗法，其方法让人想到皮埃尔·让内。书里描述的杜米埃医生的一些怪癖和说话方式难免会让人想到，这正是对皮埃尔·让内本人的鲜明写照。

生活在巴黎期间，皮埃尔·让内不仅始终是个繁忙的医生和勤奋的学者，同时还是个广泛参与社会活动的人，他经常在自己的公寓里举办精致的招待会。在同事里，他有私交笃深的好友，国内外均有，国外的两人为莫顿·普林斯和詹姆斯·马克·鲍德温。根据现有的所有资料看，皮埃尔·让

---

① Max Dessoir. *Buch der Erinnerungen*. Stuttgart: Enke, 1946, p. 122.
② Marcel Prévost. *L'Automne d'une femme*. Paris: Calmann-Levy, 1893.
海伦妮·皮雄-让内夫人告诉作者，实际上她父亲跟Marcel Prevost像老熟人一样。

内是那种特别讲究的和彬彬有礼的人，然而，他也常常表现得自相矛盾，以致一些跟他不太熟的人有时会怀疑，他说话会否口是心非。所以，有时候他给人的印象是：他是在玩弄概念，绝非表现为追求严肃的思想交流。

皮埃尔·让内身上从未完全缺失精神衰弱特征，在生命的最后几年，这种特征似乎变得愈加明显。虽然皮埃尔·让内不愿意披露萨尔佩特里耶医院的同事们仇视他，以及随后而来的相对孤独，这些必定对他产生了特别大的影响。或许因为受自身力量的限制，那个勤奋工作的人不见了。根据文献里的描述，皮埃尔·让内的抑郁心境越来越频繁，他还变得越来越不切实际和心不在焉。按照家人的说法，对日常生活中碰到的人们，他的判断往往很表面化，除非他们成为他的患者。在他生命的最后几年，在世界大事和个人损失一派昏暗的裹挟下，这些特征变得尤为显眼。也有报道称，对陈旧习俗和观念，皮埃尔·让内顽固地抱残守缺。不过，每当他开始接受新观念，他也会显得重新焕发出精神抖擞。用皮雄-让内夫人的话说，一旦有人说服他，应当超越他从前喜欢的诸如维克多·雨果一类作家，他也会变成沉迷于马塞尔·普鲁斯特和保尔·瓦雷里，以致他会喋喋不休地引用前者的句子，用心默诵《海滨墓园》里的诗句。

皮埃尔·让内是个永远沿袭固定习惯之人，凡事节俭，条理分明，还是个狂热的收藏家。他的主要藏品是患者们的病历库存，全都是他一笔一画详细记录下来的，总数最终超过5000份，在他的公寓里堆了整整一个房间。另一个房间是个装满书籍的大书房，其中包括独一无二的藏品，老一辈磁疗师和催眠师们的各种著述，以及许许多多作家给他的赠书。他有一套登记了所有书籍的卡片式目录索引。第三类藏品收储在体量巨大的植物标本库里，包含了他一生收集和分类的各种植物。

皮埃尔·让内属于那样一代科学家，他们认为，将大部分时间和活动给予官方学术组织，给予公认的科学学会和刊物，是他们的本分。所以，他是神经病学会、医学心理学学会，尤其是心理学学会的积极分子，他还为法兰西精神科学与政治科学学术院[1]完成了各种各样的工作。从所有文字记录看，皮埃尔·让内与同事们交往时永远一丝不苟。在心理学学会，他发言不多，不过他定期参加各种会议，每次都专注于他人的发言，有时候还做笔记。每次他真的参与讨论他人的论文，打个比方，他总会将他人的论文内容翻译成他那些理论所用的语言。

---

[1] 如今的法兰西人文院。——译者注

如今已无从找到皮埃尔·让内在上述学会讲授哲学的文字记录，不过，他的讲授方式或多或少有可能像他后来在法兰西公学院和其他地方授课一样。普遍一致的看法为，他是个令人尊敬的讲授者。无论讲授什么主题，只要他一开口，听众就会被迷倒。1921年至1922年那个冬季，纽约的沃尔特·霍顿牧师听了几次皮埃尔·让内的课，他对听众的描述如下：

> ……他们拥挤在昏暗的演讲厅里，开讲第一课，他们就把大厅挤爆了，长条座椅没有靠背，空气不流通，整整一冬天，他们都情绪饱满地忍受着这种不适，兴趣分毫不减。毫无疑问的是，从某种程度上说，这门课大受欢迎，因为皮埃尔·让内经常迸发出伏尔泰那样的智慧——无聊的模仿绝无可能永葆光鲜。不过可以确信，重要的是演讲主题内在的重要性，以及皮埃尔·让内那些观点呈现的原创性。作为外国人，我认为，只要听几次他的演讲，这趟来法国就赚了，我坚信我不是唯一这么想的外国听者。[①]

[①] Walter M. Horton. The origin and psychological function of religion according to Pierre Janet. *American Journal of Psychology*, XXXV, 1924, pp. 16–52.

皮埃尔·让内的说话方式明晰、活泼，其风格在一定程度上介于文字表达和口语表达之间。他1926年到1929年的演讲由速记整理成文献最终成了正式出版物，从中可以窥见他的演讲方式。由于这些内容正式出版前未经他修改，有时候里边还包含有他的口误，例如将"阿道夫·迈耶"写成"阿诺德·迈耶"，甚至包含一些正式出版的论著里绝不会保留，而作为老师却会在课堂上随口就来的小笑话。打个比方，他经常会说："爱情是某种假设变成的固化观念。"①有时候，说到特别熟悉的话题，皮埃尔·让内会变得生龙活虎，还会挥动双手，以强调自己的想法。当年的一位见证者说，1937年，国际心理学大会在巴黎召开期间，人们要求皮埃尔·让内放慢语速，以便翻译能跟上他的进度。开讲没几分钟，他把人家的要求忘到了脑后，开始手舞足蹈起来。当时身在隔间里的翻译完全看不见皮埃尔·让内，却被那种手舞足蹈附了魂，做出了跟皮埃尔·让内同样的动作，"像某种心灵感应一样"。

说到皮埃尔·让内与患者们的关系，有两个特点非常突出。第一是他的洞察力，在区分每一位患者的外在表现时，

---

① Pierre Janet. L'amour n'est autre chose qu'une hypothèse transformée en idée fixe. *L'Evolution psychologique de la personnalité*. Paris: Chahine, 1929, p. 332.

对于什么是真的，什么是装的，他的判断力特别敏锐。他反复强调的一个事实为，在许多患者的行为里，掺杂着一种逗你玩的成分，以及想得到尊重的需求。他说，就性变态而言，这尤其真实。在1908年的一次心理学学会会议上，皮埃尔·让内对许多性变态者外在表现的真实性表示怀疑①，在为克拉夫特－埃宾的法文版《性精神病症》②一书所作的序里，他更是直言不讳地表示，大多数异常性行为不过是想表现和玩耍。他甚至质疑许多重症精神病患者的外在表现是不是真的，他说："大多数情况下，精神病患者是在表现。他们说的话连四分之一都不能信，他们试图用自己多了不起或罪过多深给你制造印象，他们说的话连他们自己都将信将疑，或完全不信。"③

皮埃尔·让内的第二个特点是他掌握的精神治疗技术，《向让内致敬》一书的编辑们是这样评价的："他超高的创造天赋。"④虽然从《心理治疗药》一书的范例中可以看出这一点，那些范例却无法穷尽这一主题，必须大量阅读皮埃

---

① *Journal de Psychologie*, V, 1908, pp. 516–526.
② Richard Krafft-Ebing. *Psychopathia Sexualis*. Paris: Payot, 1931, pp. 4–8.
③ Pierre Janet. *L'Évolution psychologique de la personnalité*. Paris: Chahine, 1929, p. 328.
④ *L'Évolution psychiatrique*, 1950, No. 3, p. 344.

尔·让内的短篇论文，才能认识到，他的精神治疗方法种类繁多到近乎无穷无尽。皮埃尔·让内治愈的众多前患者似乎没人留下关于治疗的文字记录，他们中的一位是雷蒙·鲁塞尔，他患有自大狂症，皮埃尔·让内为他治疗了好几年，后来他成了著名的超现实主义作家，他在其创作的一本书[①]里将皮埃尔·让内对他所患疾病的描述未加评论一字不落地抄录了进去。仅有少数学生能从皮埃尔·让内那里学到精神疾病治疗方法（本书此前已经提到，萨尔佩特里耶医院的一些人耍手腕剥夺了皮埃尔·让内使用医院设施的可能性，让他无法进行持续的临床教学）。厄内斯特·哈姆斯医生曾经前往萨尔佩特里耶医院拜访皮埃尔·让内，他的记述如下：

> 我前往巴黎学习皮埃尔·让内的技术时，他们让我熟悉那里的病人和他们的居住环境。我是从克雷佩林那里和苏黎世过来的，这样的安排让我震惊不已。我发现房子里一起住着许多迫害狂病人，他们激动地互相讲述着各种荒诞的故事。我问皮埃尔·让内，他这里用的是什么治疗方法，我得到的是个奇怪的答复："我相信这

---

① Raymond Roussel. *Comment j'ai écrit certains de mes livres*. Paris: Lemerre, 1935.

些人说的事,除非我能证明他们说的不是真的。"我刚刚见了个年轻的男人,他看见影子就躲着走,因为所有影子里都会冒出试图抓他去充军的拿破仑。他旁边有个年过70的女人,她害怕企图跟她做爱的巴黎市市长迫害她。我以为,很难从这些固化观念里看到真东西。皮埃尔·让内注意到,我对他那像神谕一样的说法感到困惑,他走过来说:"你得知道,这些人受到某种东西的迫害,你必须认真仔细地调查,直至追踪到源头。"他想让我认识的是,人们不应当因为迫害妄想太荒诞就无视它们,或仅仅把它们看作症候,应当严肃地对待它们,分析它们,直到各种因果关系冒出头来。我从未忘记皮埃尔·让内所说关于迫害狂的那些高明的说法,也没忘记他的其他许多说法,正是这些说法维系着他跟学生们的关系。它们展现出一种苏格拉底式的艺术,我从未在其他精神病学教师身上体会过这一点。以皮埃尔·让内为例,人们不可能将其与他的精神病理念割裂。[①]

一个小小的事例足以表明,皮埃尔·让内对自己的住院

[①] Ernest Harms. Pierre M. F. Janet. *American Journal of Psychiatry*, CXV,1959, pp. 1036-1037.

病人考虑得多么周到,他是如何保护他们免受轻率的和不合时宜的好奇心打扰:有一次,玛德琳在萨尔佩特里耶医院住院期间,法兰西共和国总统到访医院。当班的实习医生——让·沙可,此人恰好是伟大的神经学家的儿子——召唤她过来,以便向总统展示她。"很快,"1898年6月28日,玛德琳在写给妹妹的一封信里写道,"知道我内心不情愿让内医生站出来招呼沙可先生不要再说话。"[①]一些人认为,在掩盖患者们的身份方面,皮埃尔·让内做得太过分,许多库存病历他早已公开发表,他离世后,后人依照他的遗愿焚烧了5000份或更多患者的病历。损失这批极其丰厚和严格分类的材料,尤其是诸如莱奥妮和玛德琳之类患者的病历,难免会让人感到惋惜。不过,与此同时,人们也不得不佩服,就职业保密而言,这是让人肃然起敬的行为。

关于皮埃尔·让内的家庭生活,海伦妮·皮雄-让内夫人曾经留下过零星笔墨。在她笔下,父母两人在表达感情方面相当守旧,不过,他们从未分开过,也不可分割。让内夫人陪同丈夫参加了所有出访活动,她也是丈夫社会生活和现实活动中不可或缺的因素。皮雄-让内还说,父亲是个重感

---

① Fr. Bruno de Jésus-Marie. À propos de la 'Madeleine' de Pierre Janet. *Études Carmélitaines*, XVI, No. 1, 1931, pp. 20-61.

情的和慈祥的人。比方说，虽然他工作极其投入，他总会在午饭后挤出一点时间给孩子们念故事。

像许多科学家一样，青少年时期，皮埃尔·让内一开始也是兴趣颇多，后来，为了集中精力于"人生事业"，他渐渐限制了自己的兴趣领域。他在巴黎高等师范学院学习期间，学校的希腊语和拉丁语教学特别棒，所有学哲学的学生都精通西塞罗和维吉尔的著述，以及各类法国经典作品。皮埃尔·让内偶尔会显露拉丁语方面的能力，某种程度上说，他似乎与法国经典脱离了关系。根据家族传闻，他第一次跟詹姆斯·马克·鲍德温见面时，两人都不会说对方的语言，只好借助拉丁语交流。由于两人的发音差异，双方最后都觉得挺累。皮埃尔·让内求学阶段学过德语，不过（可能是受爱国的母亲影响），好像他对那门语言产生了抵触。对德语缺乏熟练的掌握，于他是严重的缺憾。至于英语，他是后来才学的，他说英语时总会带有明显的法国口音，虽然如此，他完全掌握了这门语言。

也许是因为缺少时间，除了心理学和精神病学著述，皮埃尔·让内阅读的书籍不多。他对音乐、艺术、建筑等也没什么特别的兴趣。不过，把他描述成心不在焉的老学究或书呆子，即使说得不准，八九也不离十。他灵魂深处有着对大自然的挚爱，他搜集植物标本那么多年，而这只是他热爱鲜花的一个侧面。童年时期，他拥有一个专属的小花园，从那时起，他就喜欢种植各种作物。他说，每个品种的鲜花都有自己的个性，他用诗一样的语汇描述花的品性。他跟自己的一个叔叔赫梅勒一起骑过几次马，后来他还学会了骑自行车，当时自行车可是一项新发明。不过，他最喜欢的还是走路，即使步入了老年，他仍然喜欢在巴黎的大街上闲逛。每年他都会放下工作，前往枫丹白露林地徒步旅游和采集植物。他生活中的高光时刻是几次旅游：前往落基山脉、黄石公园，以及巴西的原始森林和伊瓜苏大瀑布。

成为心理学家和精神病学家之前很长一段时期，皮埃尔·让内一直是个哲学家。他撰写的几本哲学教材表明了他对许多事物的看法。他表现出对社会公正和各殖民地未来解放等问题的深思熟虑。他说，私有财产理念是个应当完善的概念，死刑是远古时代的遗存，对人类来说，有个全球性的人工语言是件好事。①虽然他万分谨慎，从不把哲学概念

---

① 1907年，在阿姆斯特丹召开的一次国际会议上，7位与会者在一份赞成在国际会议上使用世界语的发言稿上签了字，其中有皮埃尔·让内的签名。
Compte-Rendu des Travaux du 1er Congrès International de Psychiatrie et de Neurologie, tenu à Amsterdam en 1907. Amsterdam: J. H. de Bussy, 1908, p. 908.

与心理学理论掺和在一起，他的著述中总会反复冒出一种形而上的理念，成了一种主旨思想，即如后理念：人类的过去总体上说一直以某种形态整体留存了下来。①他甚至走得更远，做出了如后预言：早晚有一天，人类会像如今在空间四处走动一样穿越回过去。"所有曾经存在过的东西，"他这样说过，"如今仍然继续存在于我们无法理解也无法抵达的某个地方。"他还说过，如果真能发明"远古观望镜"，人类一定会弄明白许多超出常规的事，而如今的我们对这些事毫无概念。

在皮埃尔·让内的所有哲学理念背后，不仅有保罗·让内叔叔唯灵论哲学的影响，还有他童年时期受宗教感情压抑的影响。他总体上被划归为无神论者，虽然如此，实际上他

---

① Pierre Janet. La Tension psychologique, ses degrés, ses oscillations. *British Journal of Psychology, Medical Section*, I, 1920–1921, p. 164.

Les souvenirs irréels. *Archives de Psychologie*, XIX, 1925, p. 17.

L'Évolution de la mémoire et la notion du temps. Paris: Maloine, 1928, p. 491.

L'Évolution psychologique de la personnalité. Paris: Chahine, 1929, p. 579.

Les Débuts de l'intelligence. Paris: Flammarion, 1935, pp. 166–168.

La Psychologie de la croyance et le mysticism. *Revue de Métaphysique et de Morale*, XLIII, 1936, p. 399.

L'Acte de la destruction. *Revue Générale des Sciences*, 1940–1941, pp. 145–148.

是个不可知论者，可能他从未放弃与宗教的各种联系。他夫人小时候在女修道院长大，在脱离宗教方面似乎比他走得更远，已经走到公开反对天主教的地步。海伦妮·皮雄-让内夫人告诉父亲的传记作者，父亲坚持让3个孩子在巴黎的新教教堂之一学习新教教义，显然他认为，孩子们没准会在人生的后半程转信宗教，如果结局如此，他就不能剥夺他们的宗教基础教育。让内夫人死后，皮埃尔·让内坚持给夫人安排了天主教葬礼，人们也给了他同等待遇。越是深入研究皮埃尔·让内的作品，人们越会产生一种认知，他那苏格拉底式的微笑隐藏着一种被他带进坟墓的智慧。

第五章

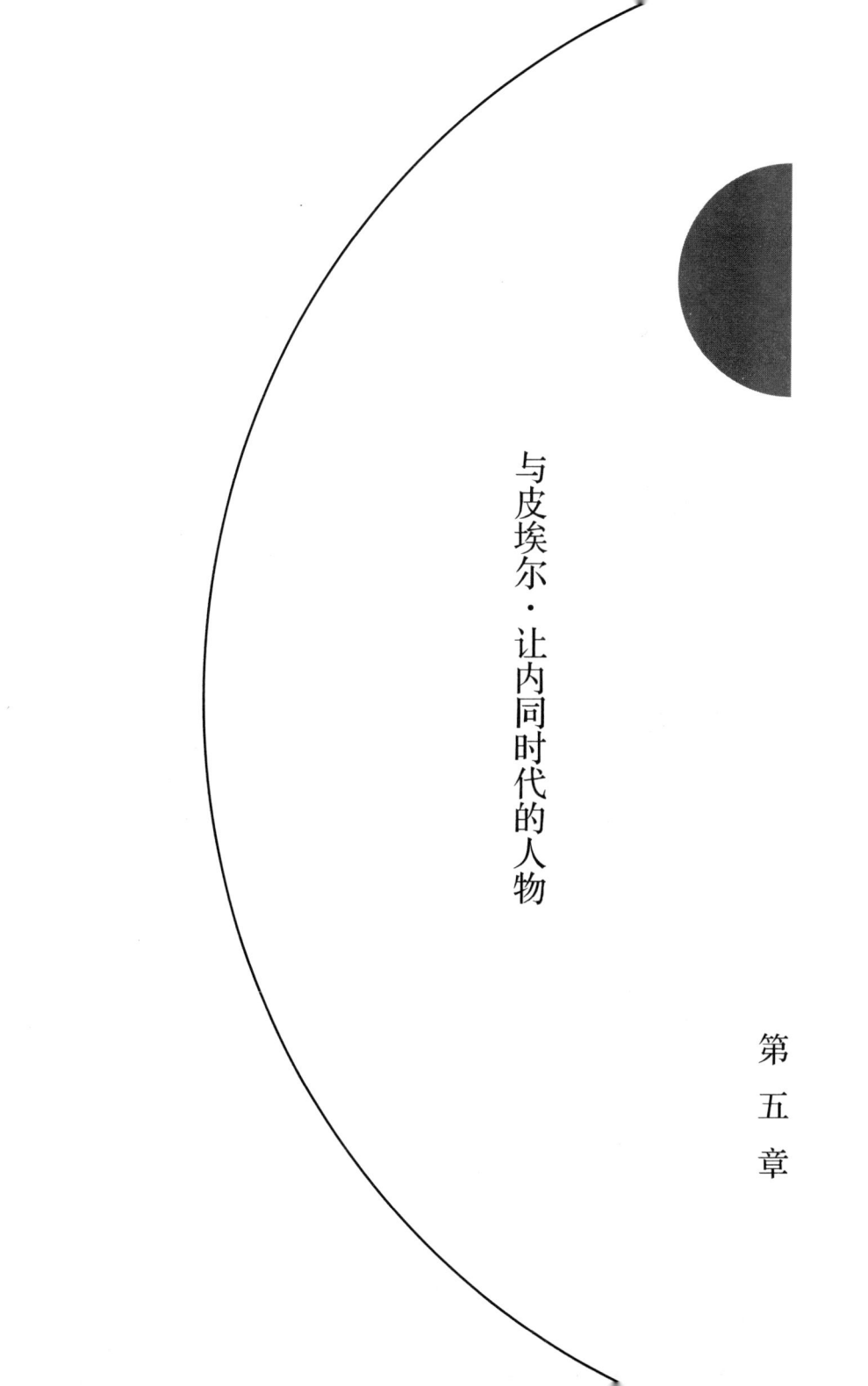

与皮埃尔·让内同时代的人物

第五章 与皮埃尔·让内同时代的人物

创造性思维从来不是独行侠。与最伟大的先驱们在一起的不仅有大师、门徒，还有同行者。同属一个辈分的人们可能会很友好，或心怀仇恨，甚或事不关己高高挂起，可他们都行进在平行的进化路途上，他们理念不同，却一定会相互影响。

如果俯视皮埃尔·让内那一代人，也就是说，俯视与他同年或前后一两年出生的那些人，人们即可看出，法国有一大批令人印象深刻的伟大的思想家。抛开其他人不说，在属于皮埃尔·让内那一代人里，仅哲学家就有亨利·柏格森（1859—1941）、埃米尔·梅耶森（1859—1933）、埃德蒙·戈布罗（1858—1935）、莫里斯·布隆代尔（1861—1949）；社会学家有埃米尔·杜尔凯姆（1858—1917）、吕西安·列维-布留尔（1857—1939）；社会主义领袖有让·饶勒斯（1859—1914）；数学家和哲学家有加斯东·米尔哈德（1858—1918）；心理学家有埃尔弗雷德·宾尼特

（1857—1911）。

快速浏览一下亨利·柏格森的传记[1]，可以看出，他和皮埃尔·让内的一生在一定程度上重叠。两人都是1859年在巴黎出生。两人都在巴黎的学校上学（柏格森在孔多塞中学，让内在圣巴伯学院）。两人均被巴黎高等师范学院录取，柏格森于1878年，让内于1879年。两人最初都在地方学府教哲学（柏格森在昂热市度过了1年，在克莱蒙费朗市度过了5年，让内在沙托鲁市度过了1年半，在勒阿弗尔度过了6年半）。对两人来说，在偏远地区度过的那些年是他们变得成熟和工作量巨大的一段时期。两人都从事过催眠实验。柏格森的第一篇论文于1886年发表，文章名为《催眠状态下的无意识模仿》[2]。让内的第一篇论文于同年发表，内容为他在莱奥妮身上做的实验。两篇论文均透露出作者对超心理学诠释持怀疑态度。两人都编辑过哲学家的作品，两人均于1889在索邦大学进行了论文陈述。[3]两人均试图在最基础的心理现象上找到研究心理学的起点。柏格森的论文《意识

---

[1] Jean Guitton. *La Vocation de Bergson*. Paris: Gallimard, 1960.

[2] Henri Bergson. De la simulation inconsciente dans l'état d'hypnotisme. *Revue Philosophique*, XXII, 1886, II, pp. 525–531.

[3] 针对卢克莱修的 *De Natura Rerum*（1883），Bergson发表过一篇选粹评论；针对马勒伯朗士的 *Recherche de la vérité*（1886），皮埃尔·让内发表过一篇选粹评论。

的直接数据》(*Immediate Data of Consciousness*)和让内的论文《心理自动机制》(*Psychological Automatism*)殊途同归,直面相同的问题。两人均被提名在巴黎的一所学府教授哲学,柏格森稍早去了洛林学院,而让内去那里接替了他。两人都在索邦大学从事过教学,后来又都去了法兰西公学院,柏格森的任命先于让内,后来他在全体教授大会上为提名让内进行辩护。后来两人在法兰西公学院同事了好几年,再后来又在法兰西精神科学与政治科学学术院同事了好几年,两人还同时参加各种社会活动。同样让人吃惊的是,两人在暮年均表现出对宗教根深蒂固的偏见。

正如皮埃尔·让内承认的那样,柏格森对他的事业影响特别大。柏格森的"关注人生"(法语为"attention à la vie")观念与皮埃尔·让内所说现实生活的机制可谓异曲同工。另外,柏格森将人生的领头羊称之为人类进化的前卫派,与皮埃尔·让内的"心理紧张"概念诚可谓如出一辙。皮埃尔·让内还说过,他提出"心理事实"即"行为举止",极可能是受了柏格森最先出版的几本书的影响。[1] 话说回来,皮埃尔·让内对柏格森的影响同样不容忽视。在《物质与记忆》一书里,柏格森记述了皮埃尔·让内对"人

---

[1] *Revue de Métaphysique et de Morale*, XLIII, 1936, p. 531.

格分裂"的研究，他还借用了皮埃尔·让内定义的词语"虚构心理功能"，这大概是一种与弗雷德里克·迈尔斯所说"无意识的造神话心理功能"非常近似的概念。

同样无法一笔带过的还有皮埃尔·让内和埃尔弗雷德·宾尼特之间的各种相互影响。宾尼特比皮埃尔·让内年长两岁，于1857年在尼斯出生。[1]他最初在尼斯学府上学，后来去了巴黎的路易勒格朗中学，成了巴彬斯基的同学。他最开始的兴趣是法律，后来改为生物学，再后来改为心理学。随后他认识了里博和沙可，后者允许他在其病房里问诊患者。宾尼特最早的研究课题之一是"微生物的精神生活"[2]。像皮埃尔·让内和柏格森一样，宾尼特也对精神生活最基本形态里的问题感兴趣，而他研究这一问题的方法是，认真研究他认为处在物种层级最底层的一些生命体，也即是说，纤毛虫类。他坚信自己在这些虫类身上已经看出感官活动和智力的各种表现，它们甚至还有最初级的互相帮助。他的第一本书是1886年出版的《推理心理学》[3]，在那

---

[1] Francois-Louis Bertrand. *Alfred Binet et son oeuvre*. Paris: Alcan, 1930.

[2] Alfred Binet. La Vie psychique des micro-organismes. *Revue Philosophique*, XXIV, 1887, II, pp. 449-611.

[3] Alfred Binet. *La Psychologie du raisonnement*. Paris: Alcan, 1886.

本书里，他选择的研究方法是催眠，那本书的结论为，人类精神活动的底层存在永恒的和自动的无意识推理过程。有好几年，他一直倾全力调研催眠、癔症、双重人格。宾尼特的一些调研与皮埃尔·让内的重叠，因而两人中总会有一人在特定时间段处于领先地位。皮埃尔·让内出版《无意识心理》后，宾尼特为《哲学讽刺》杂志写了篇详尽的书评[1]，他在文章里承认，他期盼自己在研究中会发现的一些结果，皮埃尔·让内已经预料到，因而他就没必要继续研究了。像皮埃尔·让内一样，宾尼特也对动物磁疗史感兴趣，还与费力合作，以此为题写了一本书[2]。然而，与皮埃尔·让内不一样，他对这一主题缺乏深刻的认知。接下去那些年，皮埃尔·让内和宾尼特肯定经常见面。两人都在自己的作品里提到了对方的工作，两人都在索邦大学的实验心理学实验室工作过一段时间。然而，出于某种原因，两人之间似乎出现了疏远。1893年，宾尼特的《心理学纪事》创刊，这是一份著名的心理学年刊，他利用这份杂志发表了无数文章，不过，该杂志从未刊登过皮埃尔·让内的文章。宾尼特在事业上遭

---

[1] Alfred Binet. *Revue Philosophique*. XXIX, 1890, 1, pp. 186-200.
[2] Charles Féré & Alfred Binet. *Le Magnétisme Animal*. Paris: Alcan, 1887.

遇了严重挫折，他向法兰西公学院申请教授职位，却败给了皮埃尔·让内。他向索邦大学申请教授职位时，乔治·杜马抢在了他前边。这导致宾尼特与同事们的接触逐渐减少。他在索邦大学的实验室位于一座位置偏远的建筑的顶层，没几个人知道通往那里的路怎么走。另外，由于特别腼腆，他从不出席任何会议。不过，他是个工作勤奋的人，在心理学诸多领域处于领先地位。在《智力的实验研究》①一书里，他公开了对自己两个女儿阿曼达和玛格丽特的智力功能的详细调研，调研辅以各种心理测试，结果显示，两人代表了两种心理类型——准确地说属于卡尔·古斯塔夫·荣格数年后称作"内向型"和"外向型"的两种心理类型。宾尼特是设立学龄儿童智力测量第一套量表的人，即1905年的宾尼特西蒙测试法，他还是儿童心理学和实验教学法以及性心理学的开路先锋。正是他阐释了恋物癖，这一词语也是他创造的。宾尼特还用假名撰写过一些忧伤的舞台剧剧本，有些是他独立创作，有些是与他人联名创作。他是个永不疲倦的创作者，不幸的是，他把自己的活动分散到了过多领域，在集中自己终生研究成果创作一部终极作品方面，他从未成功。1911

---

① Alfred Binet. *L'Étude expérimentale de l'intelligence*. Paris: Schleicher, 1903.

年，他英年早逝，显然当时他与皮埃尔·让内完全失去了联系，在很长一段时间里，他的研究与皮埃尔·让内的研究如此密切相关。

在皮埃尔·让内的同侪里，值得说道的与他有关的同路人还有杜尔凯姆、列维-布留尔，以及其他人等。查明这些人相互之间的影响，肯定是一件不可能企及的困难事。从远处看，他们就像一个个威严的孑然独立的雕像；从近处看，显然就变了，他们或多或少都有过断断续续的交流。

第六章

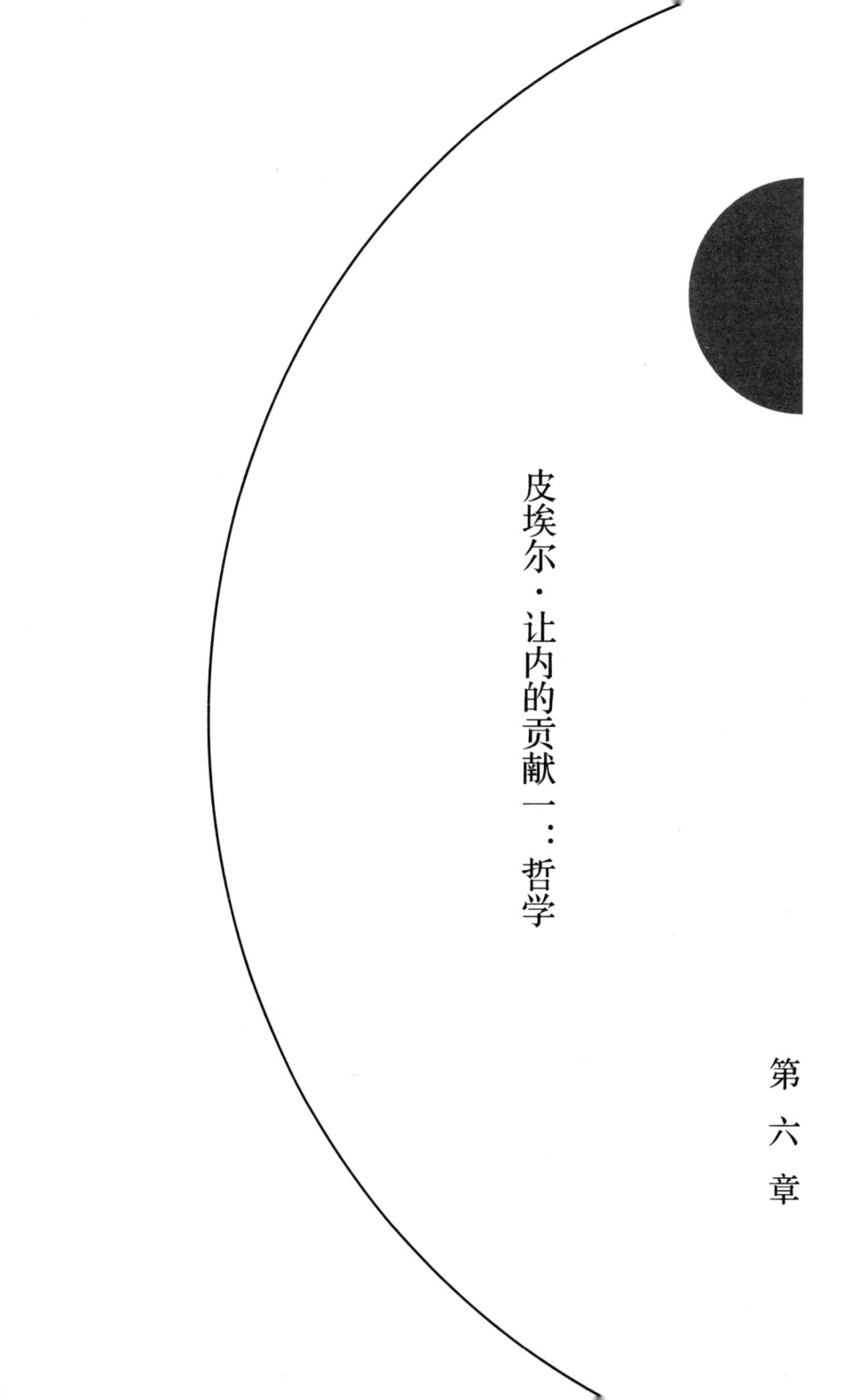

皮埃尔·让内的贡献一：哲学

第六章 皮埃尔·让内的贡献一：哲学

如果不考虑皮埃尔·让内的哲学理念，谁都不可能全面理解他的心理学体系。他先后在路易勒格朗中学和巴黎高等师范学院学过哲学，在师范学院讲授哲学的人计有伦理学家贝尔索特、逻辑学家拉比耶、学院派哲学家奥利-拉普鲁内、新康德主义者布特鲁。毫无疑问，皮埃尔·让内对保罗·让内叔叔的作品也是熟稔于心。正如皮埃尔·让内在自传里所说，他青少年时期就显露出深厚的宗教情怀，17岁时却经历了信仰危机。他曾经梦想建立一种能让科学和宗教达成完美调和的哲学。他步入老年时承认"我尚未发现那样的奇迹"，接着补充说，他做出各种努力创建一门新的心理学，是换一种方式实现年轻时的梦想。不过，人们有理由相信，一段时间以来，皮埃尔·让内可不仅仅是在做梦，他是实实在在在追求那一哲学体系。能把这一问题弄清楚的唯一方法是仔细审视皮埃尔·让内的哲学作品，例如他撰写的那些哲学教材。

在1894年出版的第一本教材①中，皮埃尔·让内在科学哲学和伦理哲学之间做了明确的切割。教材第一部分首先对科学做出了如后定义：为保护自己，人类一直在抵抗各种自然力，而后掌控了它们，随后又试图改变世界。科学诞生自人类征服世界的强烈愿望，这意味着了解世界，第一步是掌握对世界的认知，进而会产生一种需求，即需要一种基于分析和整合的恰当方法。教材接下来对各种科学进行了分类，对重点科学，例如数学、自然科学、伦理科学（包括心理学和社会学）、历史进行了概述。随后一章讲的是重大的科学假设，包括对达尔文学说的批判，对夸张地崇拜进步的批判。皮埃尔·让内的说法是，对进步期望过高是危险的，因为这会导致对当下的藐视和对过去的湮灭。教材第二部分的重点是伦理学，包括对如下问题的分析：自由、责任、良知、公正。教材开篇给人培根式的前瞻，结尾却引用了爱比克泰德的名言："我是个理性的人，所以我必须赞美上帝。那是我的使命，我得追随使命。"明眼人都看得出来，皮埃尔·让内在那本教材里倾注了大量心血。教材几乎一字不落地收入了1882年他22岁时在沙托鲁讲授财产概念时讲过的全

---

① Pierre Janet. *Manuel du baccalauréat de l'enseignement secondaire classique Philosophie*. Paris: Nony, 1894.

部内容。每一个哲学词语都有明确的定义。对每一个问题，教材都会以客观的方法，采用主要理论给予详细阐释。这本书看起来像是假借教材之名，内里装的却是皮埃尔·让内对自己的哲学的概述。两年后，1896年，这本教材出了全新的改版，里边的内容与旧版完全相同，不过，新教材的编排完全符合各学校正式的哲学教育大纲，随后重印的以及反复改版的新版本沿用了同样的路数。

正如以前皮埃尔·让内什么时候从宗教转向哲学无从考证一样，他的主要兴趣从哲学转向心理学发生在什么时间点，人们至今仍然没有查清。后来他对哲学的态度可以从他为《马勒伯朗士》①一书撰写的导言里推测出来：唯有通过来自一些普世概念的灵感，科学才能提供某种解释的方法和手段。一些哲学家发明了这些普世概念，为搭建这些概念，他们需要一种形而上的或神秘的架构。就此而论，探讨皮埃尔·让内转向心理学时从哲学汲取了什么，肯定会很有意思。他最关注的是用严谨的科学方法解释心理现象，要有一种科学精神。他说，科学精神的基础是好奇心和独立，摈弃权威的和传统的原理。皮埃尔·让内将科学方法定义为：

---

① *Malebranche. De la Recherche de la vérité*. Paris: Alcan, 1886, II, p. 22.

分析和整合的组合体。分析意味着将整体拆散为成分，直至拆散成无法拆解的真正的要素成分。举例说，解剖学家不会将尸体解剖为4大块或上百块，而是将肌肉、神经、血管，以及尸体的其他部位分割开。皮埃尔·让内用同样的方法将科学心理学形象化为：必须以心理分析为开端，即是说，对那些最基本的心理功能做识别和分割研究。后来的"心理整合"都遵循这一步骤，即是说，以分割开的各个部分为基础，重新构建一个整体。

第七章

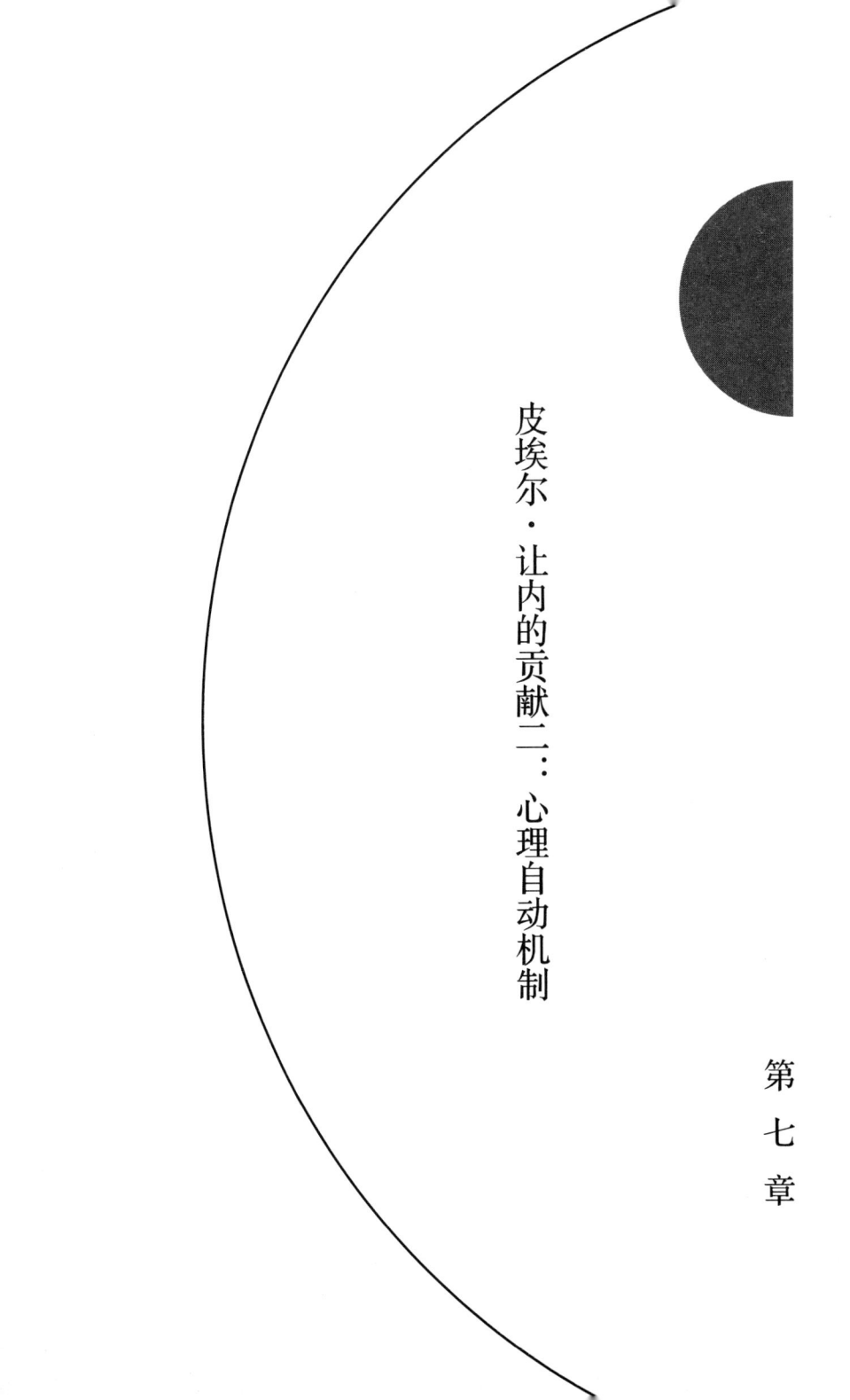

皮埃尔·让内的贡献二:心理自动机制

第七章 皮埃尔·让内的贡献二：心理自动机制

在皮埃尔·让内之前，相当多的哲学家尝试利用分析和整合方法重建人类的精神世界。他们中的多数人利用的是感觉，将感觉作为基本要素和起点。孔狄亚克曾经构想过一座雕像的哲学神话，他连续赋予雕像好几种感觉，以此为起点描述了雕像的思维方式假设的演变进程。这件事唯一的缺憾是，整个事情纯属虚构。皮埃尔·让内开始做同样的事之时，他一直站在坚实的实验心理学基础上。其实他的主论文《心理自动机制》还有个启示性的副标题《关于人类活动的初级形态的实验性-心理学论文》。所以，与孔狄亚克不同，皮埃尔·让内的起点并非纯感觉，而是活动，或者换一种说法，他从未让意识脱离活动。

《心理自动机制》一书涵盖了皮埃尔·让内1882年到1888年在勒阿弗尔的研究成果。那一时期，他在《哲学讽刺》杂志发表的系列文章让后人能看清他那一阶段做研究的脉络。对莱奥妮做的第一次远距离催眠实验未能让他信服，他转向调查露茜，一位19岁的年轻女性，她总是在没有明显征兆的情况下出现阵发性恐惧。利用"无意识书写"方法，皮埃尔·让内发现了阵发性恐惧症的病因和含义。露茜7岁时，两个男人藏在窗帘后吓唬她，其实那只是个玩笑。露茜头脑中的第二个人物是阿德莉安娜，她的出现总会在阵发性恐惧中诱发露茜的头脑中复现最初的场景。皮埃尔·让内描述了他如何利用"共情疗法"缓解露茜的症候，患者头脑中第二个人物如何永久消失了。[1]8个月后，露茜旧病复发，不过，在催眠和"无意识书写"相结合疗法帮助下，那次她很快好转了。皮埃尔·让内用更精准的方法描述了"共情"现象，尤其是它的突出特征"选择性"，也即永久排除其他所有人，唯独趋向一个人的被暗示状态，此人正是皮埃尔·让内本人。[2]

在莱奥妮身上做的一些新实验给皮埃尔·让内带来了好几项特别有意思的新发现[3]。他介绍说，催眠状态可以诱导

---

[1] Pierre Janet. Les Actes inconscients et le dédoublement de la personnalité pendant le somnambulisme provoqué. *Revue Philosophique*, XXII, 1886, II, pp. 577-592.

[2] Pierre Janet. L'Anesthésie systématisée et la dissociation des phénomènes psychologiques. *Revue Philosophique*, XXIII, 1887, II, pp. 449-472.

[3] Pierre Janet. Les Actes inconscients et la mémoire pendant le somnambulisme. *Revue Philosophique*, XXV, 1888, I, pp. 238-279.

出两类截然不同的心理宣泄：一类是催眠对象为讨好催眠师扮演"各种角色"，另一类是不为人知的个性，这种个性是不由自主体现出来的，最明显的是返回童年。在催眠状态下，莱奥妮用童年时期的姓氏妮奈特称呼自己。不过，催眠状态显现的这一个性背后，可能还隐藏着第三个性，它紧随诱导催眠显现的第二个性出现。让人惊讶的事实为，第三个性是早前一些磁疗师在莱奥妮身上诱导出的催眠状态下的个性20年后的复现。20年来，这一个性从未显现，如今再次出现时，与过去的表现分毫不差。皮埃尔·让内发现，早在1823年，贝特兰德就公布了完全相同的病例。

《无意识心理》一书的献词是写给吉贝尔和波维列维奇两位医生的，两人曾为皮埃尔·让内提供如下患者：14位癔症女性、4位癔症男性、8位精神病和癫痫症患者。不过，皮埃尔·让内的大部分研究工作是基于对如下4位女性的调研：罗斯、露茜、玛丽，尤其是声名远播的莱奥妮。皮埃尔·让内坚持让自己始终站在基于客观事实的坚实立场上，正是出于这一原因，他对在莱奥妮身上进行的超心理学实验尽量少发声。汇报研究中发现的治疗意义时，他也必须分外小心和收敛，首先是因为文学院在这一点上很敏感，其次是为了避免医生们猜忌。

"心理自动机制"并非什么新词语,放下别人不说,以前使用过这一词语的人就有德斯潘。他将这一词汇定义为"为达到非常明确的目的,与各种环境相适应的,非常复杂的和聪明的行为;在其他场合由自我意识指导的通过相同的器官实现的完全相同的行为"[1]。不过,就德斯潘而言,心理自动机制是无意识却有生命力的机器的产物,然而,在皮埃尔·让内看来,就其自身而言,它始终是一种由基本意识构成的心理现象。

皮埃尔·让内将"心理自动机制"的临床表现分为两类:全自动机制,它会完完整整作用于催眠对象;不完全自动机制,这意味着它会将人格的一部分从"人格意识"剥离,去追随一种自动的,潜意识的进程。[2]皮埃尔·让内说,全自动机制最基本的形态为强直性昏厥。处在强直性昏厥状态的人的意识形态类似于从昏厥中开始苏醒的个体:这种个体具有某种意识,却没有自我意识。皮埃尔·让内对强直性昏厥做了各种研究,从中揭示了三个发现:一、除非有

---

[1] Prosper Despine. *Psychologie Naturelle*. Paris: Savy, 1868, I, pp. 490–491.

[2] 皮埃尔·让内一直坚称,他是最早使用"潜意识"一词的人。本书作者迄今尚未发现在他之前使用这一词语的实例。皮埃尔·让内发明"潜意识"一词的用意显然是在说明,他的心理学方法有别于冯·哈特曼形而上的"无意识"概念,前述概念在那一时期特别流行。

外部刺激，这类意识形态会保持恒定，不会改变；二、没有某种形态的动能就不会有意识；三、在那种状态下患者的感情流露决定了其与当时的感觉相匹配的动作，前提是当时的感觉与患者的人格相一致。

比强直性昏厥基本形态稍轻的是人工催眠梦游症，即皮埃尔·让内划分为三种程度的催眠状态：清醒过程中的健忘；此前在催眠时对一些催眠状态的记忆；在某些催眠状态下对清醒的记忆。不过，真实状况更为复杂，因而皮埃尔·让内详述了他在莱奥妮身上的一些实验及其三种状况：莱奥妮甲、莱奥妮乙、莱奥妮丙（又名莱奥诺拉），以及这三种"实际存在"相互之间的关系。皮埃尔·让内坚信，他发现了健忘和记忆之间在各种条件下明确的相互关系，从而解释了条件变化后的感知引起的催眠后健忘现象。

比催眠状态更复杂的状态，皮埃尔·让内将其称作"接替存在状态"（如此便避免了"交替人格"说法）。皮埃尔·让内分析了这些人格中的每一种人格如何看待其他人格：有时候其他人格并不会被看作它们该有的样子，而是一种自身带有奇怪或特殊东西的感觉；有时候它们会被看作带有仇视或鄙视的感觉。有时候其他人格会更有孩子气，因而会带上儿童时期的绰号。

皮埃尔·让内从"不完全自动机制"的几种最简单形态开始其研究，即不完全强直性昏厥和各种分心，也即几种特殊的心不在焉状态。在分心状态下，当催眠对象的注意力全神贯注于其他东西，医生会压低声音问问题，而催眠对象会不知不觉回答提问。皮埃尔·让内指出，借助分心，各种建议或幻觉都可以施加到催眠对象身上，其清醒状态和下意识状态的临床表现会产生一些奇怪的混合以及干扰。与各种分心密切相关的是"无意识书写"。例如，让某人握住一支笔，保持此人的注意力于其他地方，旁人即可看到，此人开始书写一些自己都意识不到的东西，这种方法可以诱使潜意识内涵以大碎片形态显现。不完全自动机制的另一种临床表现为催眠后暗示，一种迄今仍存争议的问题，皮埃尔·让内对此提出的解释如后：在催眠进程中被推到最前端的潜意识眼下已退居其次，它却依然存在，并且会准确执行催眠师在催眠过程中发出的那些指令。"同时存在"这一困难的心理学问题可以用皮埃尔·让内的通用理论"分裂型心理"加以解释，这一概念与"心理破碎"概念没有太大差异，后者由莫罗·德图尔最先提出，随后由休林斯·杰克逊进一步发展。

此书余下的篇幅都用来描述和阐释"不完全自动机制"

各种各样的形式,例如与精神病患者们相关的探测棒、强迫冲动、固化观念、幻觉,最后还有皮埃尔·让内所说的"受控",也即受潜意识想法控制的个体的态度、行为、感觉。正如露茜的病例一样,这对皮埃尔·让内也是未解之谜。露茜常常会打着手势叙述她的恐惧:"我害怕,可我不知道为什么。"皮埃尔·让内会解释说:"这是因为潜意识自己也做梦,会看见窗帘后边的男人,将身子摆成让人害怕的姿势。"每当莱奥妮说"我哭了,可我不知道为什么"时,人们或许会假设,潜意识想法正在某些事背后活动。皮埃尔·让内则总结说:"为说明个人意识释放的某一想法导致的精神的和身体的紊乱,人们应当纵览各种精神疾病的整个领域,以及各种身体疾病的部分领域。"

《心理自动机制》一书从出版伊始就被人们奉为心理科学的经典,关于此书,此前人们从《哲学讽刺》杂志刊发的一些节选中已经有了一些认知。此书澄清了许多一直存在争议的事,同时提出了一些新问题。此书的主要特点可以概述如下。(一)鉴于皮埃尔·让内研究的都是新患者,他避免了人们质疑他调研的那些症候都是萨尔佩特里耶医院温室文化的产物,受了医院的心理感染。不过,的确有个名叫莱奥妮的患者,老一代磁疗师在她身上进行了许多实验。皮埃尔·让内调查了她的身世，导致他发现了人们遗忘一个世纪之久的由众多磁疗师和催眠师从事的研究。①（二）皮埃尔·让内的心理分析以智力、情绪、意志之间的鲜明差异与古典心理学参照体系分道扬镳。他声称，即使在精神生活的最底层，也唯有活动才会有感知和感觉，这方面他与富耶理的观点——想法的自然趋势是发展为活动相同：（三）在应对心理强势和心理弱势方面，皮埃尔·让内使用了动态方式。在几例严重的癔症病历里，他用法文"misère psychologique"描述心理痛苦。（四）皮埃尔·让内强调了"意识域"概念，以及癔症患者们的心理弱点会导致他们的意识领域越来越窄。（五）皮埃尔·让内在精神生活最底层发现了感觉本身的两个层级，以及与自我意识相关的感觉。这导致他初创了"整合功能"这一概念（即他未来的心理功能层级概念和心理紧张概念的胚胎）。（六）谈及存在一个世纪之久的"共情"概念时，皮埃尔·让内将它设想为一种特定的麻木状态，即是说，对世界认知的扭曲。（七）皮埃

---

① 皮埃尔非常清楚癔症现象的可塑性，他曾经提到，发作类型完全不同的3位癔症患者被安置在同一间病房里，从那往后，他们的发作症状变成了同一类型。一种新型的癔症因此诞生自那间病房，不清楚此种癔症来源的人会将其当作自然的癔症加以研究。详情参见 *L'Automatisme psychologique*（Paris：Alcan，1889，p.449）。

尔·让内声称，某些癔症症候与被赋予自主生命力的、自我发育的人格碎片（即潜意识固化观念）的存在有关。他指出，过去的心理创伤事件即是它们的根源，通过找出根源，继之解除这些潜意识里的心理系统，癔症症候有可能消除。这方面，玛丽从生病到心理治愈的经历值得人们给予特别关注，见下：

> 这年轻人从乡下被带到勒阿弗尔的医院时才19岁，因为人们都认为她精神失常，大家差不多已经放弃治愈她的希望。基本事实为，她患的是阵发性痉挛，每次都伴随持续数天的精神失常。经过一段时间观察，事情清楚了，这种病包括间发性临床症状，每当经期来临都会有规律地发生，时间还拖得较长，在两次发作间歇期里，每次都毫无规律地出现不太严重的临床症状。
>
> 先从最早出现的一些症状说起。经期到来前一段时间，玛丽的性格会发生变化，她会变得沮丧、暴力。暴力并非她的习性，她还会受疼痛、神经痉挛折磨，浑身抖动不已。然而，第一天发生那些事近乎特别有规律，不过，从一开始算起不超过20小时，月经会突然停止，她会全身剧烈地抖动。接着，一阵扎心的疼痛会从她腹

部慢慢上升到喉部，随之会是一阵癔症大发作。虽然这些突发症状会非常剧烈，它们都不会持续太长时间，而且她从来都不像癫痫那样颤抖。不过，她总会表现出持续很长时间的严重的精神错乱。她偶然会发出恐怖的尖叫，不停地说血和火，为躲避火焰，她会疯狂地奔跑；在其他时间段，她会像孩子一样玩耍，对母亲说话，爬到炉子上，或爬到家具顶部，严重损毁整个房间。48小时内，精神错乱和身体剧烈变形会交替出现，其间夹杂着短时间的平静。发作总会在数度吐血后结束，吐血后事情大致上会回归正常。休息一两天后，玛丽会平静下来，对此前那段时间发生的事毫无印象。在这些按月出现的强烈的临床症状间歇期里，她的双臂或肋间肌一直会有有限的肌肉挛缩，或各种各样以及不断变化的麻木感，最重要的是，她的左眼会完全和永久失明。还有，她时不常会犯小毛病，不是明显的精神错乱，主要特点是恐惧神态。这种与月经来潮明显有关的疾病似乎是内科专属疾病，心理学家几乎不会感兴趣。所以，一开始我对这个人几乎没做什么。我做得最多的是在她身上进行催眠实验，对她的麻醉状态做了几次研究。每当她的主要临床症状即将到来时，我会避免做任何可能扰乱她的事。她在医院里住了7个月，住院期间的各种药物治疗和水疗没起任何作用。此外，各种治疗方案，尤其是那些与月经有关的治疗方案，不仅没有任何作用，反而起到了负面作用，增强了她的精神错乱。

第八个月即将结束时，她抱怨自己命运悲惨，面带某种绝望的表情说，她心里十分清楚，那些症候接下来一定会反复出现。"这样吧，"我怀着某种好奇说，"现在跟我解释一下，你快要犯病时会发生什么。""可是，你知道的……所有的都停了，我颤抖特厉害，我不知道接下来会发生什么。"关于她的经期开始的方式、中断的方式，我希望得到准确的信息。她没给出清晰的回答，似乎还忘了我问到的大多数事。后来我突然想到，让她进入深度梦游状态，这种状态（本书此前介绍过）有可能追回一些似乎忘掉的记忆。如此一来，我得以发现她记忆里的一件事，到那时为止，人们对那件事知道得非常不充分。

她13岁时有了第一次月经，不过，出于一种幼稚的想法，她想象这种事很丢人，她尽可能快地尝试了一种停止流血的方法。大约在出血20小时内，她悄悄跑到外边，纵身跳进一大桶冷水里。事情非常成功，月经立刻停止了。尽管浑身抖得厉害，但是她还是回到了屋里。她病了很长时间，一连好几天精神错乱。等事情都过去后，她很长时间没有来月经，直到5年后月经才再次出现。月经出现时，会同时带来我观察到的各种紊乱。所以，如果拿她如今在清醒状态下描述的月经突然停止、颤抖、疼痛与她在梦游状态下的描述——顺便说一句，这已经通过其他渠道得到证实——相比，人们会得出如后结论：每个月，冷水场景会自动出现，会带来同样的月经终止，随后是精神错乱，而且真是一次比一次更严重，直到出现附带的胃出血。不过，在意识状态正常时，她对这些一无所知，她甚至不知道浑身颤抖是由幻想中的寒冷带来的。这种场景很可能是在意识之外产生的，其他紊乱由此爆发。

这种假设——无论真假——既已确立，在征求波维列维奇博士的意见后，我尝试着将一次冷水澡停止了月经这一固化的和荒诞的观念从她的梦游意识里移除。一开始，我搞不定这事，固化观念顽固不化，她认为即将于两天后出现的月经会如期到来。不过，既然眼下我有足够的自由支配时间，我又试了一次。幸亏用了一种独一无二的方法，我成功了。必须通过心理暗示将她带回过去，带她回到13岁时经历精神错乱时的原生环境，让她相信月经已经持续3天，没有任何不好的事会打断它。这事办成后，接下来的月经如期到来，而且持续了3天，其间没有任何疼痛、抽搐、精神错乱。

注意到这一结果后，其他症候也需要调查一番。我省略了那些心理探查细节，有时候做这种事非常麻烦。玛丽的恐惧来袭是过去情绪的重复。这个年轻女孩16岁时看见一位老年女性从楼梯上滚落摔死时感受到恐惧，每次犯病她都说到血，这正是她对那一场景的记忆。至于火的场面，那可能是某些想法的联想，因为火没有关联到任何确凿的事。经过和以前一样的过程，借助心理暗示，将催眠对象带回以前出事那一刻，这虽然困难重重，但我成功了。我向玛丽解释，那位老年女性不过是摔得很惨，并没有摔死。后来玛丽身上再没发生恐惧反复来袭的事。

最后，我想研究一下玛丽左眼失明一事，不过她反对我做这事，她说她出生时就那样了。通过梦游方式，我很容易证明她错了。如果借助众所周知的方法把她变成5岁的孩子，她就会重新拥有那个年龄段的感知能力，人们可以观察到，那时她两眼视力正常。因此，失明是6岁开始的。在什么场合开始的？在清醒状态下，玛丽坚持说她什么都不知道。在梦游状态下，我让她叙述那一阶段她生活里的主要场景。我注意到，失明出现在某一时间点某个微不足道的事故中。尽管当时她哭闹不已，但是有人强迫她跟整个左半边脸长满脓包的一个同龄孩子睡在一起。不久后，在相同的部位，玛丽也长出了相当显眼的脓包。后来，在每年的相同时间段，那样的感染又出现了几次，直到最终治愈。不过，没人注意到，自那往后，玛丽左半边脸出现了麻痹和左眼失明！从那往后，麻痹一直持续下来。先不管持续时间长短，我采用心理暗示方法让玛丽回到了过去，虽然其他几种麻痹不定什么时候会完全消失，面部麻痹却持续存在。我只好尝试以前的治愈方法。我让玛丽跟从前她特别害怕的孩子待在一起。我让她相信，那孩子非常好，没有脓包。她半信半疑。经过两次情景再现，我取得了最佳效果。她放开胆子抚摸了想象中的孩子。她左眼的感知能力毫无阻碍再次出现了，当她苏醒后，她左眼什么都能看清了。

实施这几项实验至今已过5个月，玛丽从未表现出一丁点儿癔症迹象，她过得很好，最重要的是，她比以前强壮多了,她的身体状况完全变了。我没想让这种治疗超越它理应受到的待遇,也不知道它能持续多久。不过我觉得,我说的事很有意思,道出了潜意识固化观念的重要性,以及它在治疗某些身体疾病和情绪疾病中的作用。①

---

① Pierre Janet. *L'Automatisme Psychologique*. Paris: Alcan, 1889, pp. 436-440.
这是他公开的第二个通便疗法病例,第一个病例患者为露茜,公开时间为1886年。

第八章

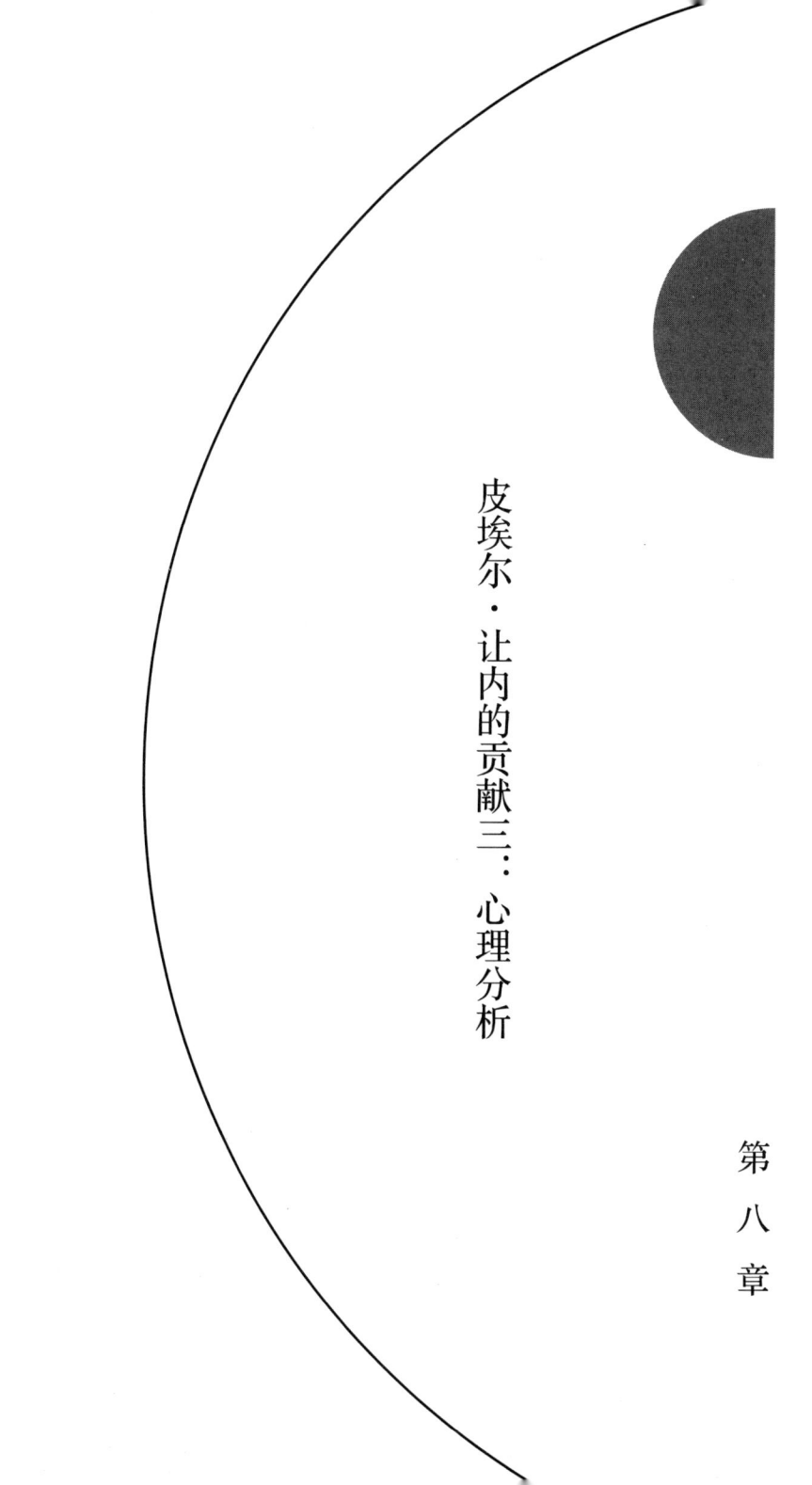

皮埃尔·让内的贡献三：心理分析

第八章 皮埃尔·让内的贡献三：心理分析

1899年底，刚开始在巴黎学医时，皮埃尔·让内就开始在萨尔佩特里耶医院做心理学调研。在那家医院，他可以随意在沙可、法雷特、塞格拉斯的病房里问诊病人。

在第一批患者中的一位患者身上，他展示了心理分析和整合方法。那人是玛塞尔，一位20岁的年轻女性。[1]法雷特医生的病房收下她，是因为她患有始自14岁，随后逐渐恶化的严重精神障碍。虽然她没有瘫痪，却表现出两腿做动作极其困难，她还有严重的记忆和思考障碍。如何用实验心理学观点看待这类患者？皮埃尔·让内严肃地说，对各项心理功能进行心理评估将一无所获。"用在患者身上的实验方法，"他说，"包括详细了解患者——了解其生活、教育、个性，以及各种想法，同时我们得坚信，自己对患者的了解不够充分。然后我们还必须将患者安置在简单的和特殊的环

---

[1] Pierre Janet. Étude sur un cas d'aboulie et d'idées fixes. *Revue Philosophique*, XXXI, 1891, I, pp. 258-407.

境里，精准记录患者所为和所说。"观察首先必须指向患者的习惯，从其行为和说话开始，然后审视其独特的心理功能。玛塞尔最明显的症状是动作困难。看起来她轻而易举即可做出各种自主的习惯性动作，但事实并非如此。患者称作"云"的东西常常会打断其意识流，在此期间，患者的头脑会被各种混乱的概念和幻想侵入。玛塞尔对发生在15岁以前的所有事情记忆犹新，对发生在15岁到19岁期间的事记忆模糊，对后来发生的事则完全丧失记忆。患者完全无法描述自己的未来，她对自己的人格也感到茫然。

皮埃尔·让内由此入手，依据各种精神症状的深度进行排列。最表层的是"云层"，他把云层比作"催眠后暗示"显现的一些效果。他也想弄明白，云层的内容有无可能部分反映的是玛塞尔多年沉浸其中的那些流行小说。处在中间层的是各种心理冲动，他把这些冲动归因于某些痛楚的记忆引起的潜意识固化观念的动作。最深层的是病态领地，取决于遗传、过去经历的严重身体疾病、早期精神创伤事件。

心理分析必须有心理整合跟进，即是说，要有疾病发展的重构跟进。首先，玛塞尔身上有相应的遗传结构，后来她14岁时感染了严重的霍乱。这种病通过剥夺患者的判断力带来致命一击。这导致了恶性循环，让她不再有能力适应新情况，她变得爱做白日梦，这让她更加无法适应新环境。另一个心理创伤1年后到来——她父亲死了。此前两年，她父亲一直瘫痪在床。一场不幸的恋爱成了最后一击，让她有了自杀想法。至此，患者失去了对近期发生的事的记忆。

对这位患者，我们能做些什么呢？一开始，皮埃尔·让内试图通过基本的阅读练习开发她的整合功能，但毫无成效。然后他试着用心理暗示对抗固化观念，不过，一个症状还没消除，另一个症状又冒了出来，在催眠过程中，患者的抵触情绪也有增无已。数次尝试"无意识书写"，却导致了典型的癔症爆发。然而，不久后，皮埃尔·让内注意到，此前的各种尝试并非毫无成效。催眠和无意识书写的确引发了各种病情恶化，不过患者的大脑却越来越清晰。随着病情恶化越来越严重，冒出的各种固化观念的起点也越来越久远，患者一生逐渐形成的所有观念一个接一个按照颠倒的顺序排列组合了起来。"通过剥离妄想的最表层，我高兴地发现，存在于她头脑最底层的那些古老的和顽固不化的固化观念现身了，接着又依次消失了，因而带来了极大的改善。"在讨论病历过程中，皮埃尔·让内强调各种要点之一时说过"存在于人类头脑里东西永不会消失"以及"潜意识固化观念既是精神衰弱的结果，也是更深层和更糟糕的精神衰弱的来源"。

在当年的萨尔佩特里耶医院，心理感染盛行，为避免这种负面感染，皮埃尔·让内小心翼翼地只挑选新来的患者。不过，就丁女士而言，他却网开一面，丁女士近乎成了传奇患者，沙可正是围绕她提出了"动态遗忘"概念。1891年8月28日，在法国西部一座小城镇，人们发现，这位34岁的已婚女裁缝陷入了极度焦虑状态。她说，一位不认识的男人刚刚喊了她的名字，对她说她丈夫死了。这是个假消息，这件事从未有人澄清过，可是，一连3天，患者一直处于癔症、嗜睡和精神错乱状态。8月31日，她表现出一种逆行性健忘，持续时间超过6周。她只记得1891年8月14日以前此生经历的所有事。此前6周，她生活中出了几件大事，例如孩子们的学校的颁奖典礼，以及她曾前往鲁瓦扬市一趟，不过她对这6周的记忆一片空白。她还患有完全的顺时性遗忘，像受困于科萨科夫综合征的患者一样，她会忘记一两分钟前发生的事。正因为如此，她可能被一只狂暴的狗咬过，被一块烧灼物烫伤过，丈夫带她去了巴黎的巴斯德研究所，她对这些经历毫无记忆。离开巴黎前，丈夫把他带到萨尔佩特里耶医院的沙可面前，医院收下了她。人们通过观察发现，她夜里做梦总是说话，好像说的都是那些遗忘的事。这促使沙可安排助手为她催眠。1891年12月22日，在沙可的一次难忘的临床授课中，催眠前的丁女士被带到现场听众面前。沙可的提问包括她丈夫的死、鲁瓦扬市、狗咬、埃菲尔铁塔、巴斯德研究所、萨尔佩特里耶医院。她不记得其中的任何内容。第一轮问询过后，患者被带离现场，催眠后又被带回到现场。这一次，沙可问了相同的问题，她回答了所有问题。①后来这位患者交由皮埃尔·让内进行心理治疗。皮埃尔·让内注意到，尽管失忆症在她身上持续存在，近期记忆肯定在某种程度上得以保留，不然患者不可能对医院生活适应得这么好。皮埃尔·让内着手探索这些潜意识里的记忆。除了在做梦和催眠状态下复现忘记的记忆内容，他还借助"无意识书写"和"分心"，以及一种新的步骤诱导忘记的记忆内容。新步骤即"无意识交谈"，包括排除自动书写，让患者毫无目的地大声说话。②不过，患者为什么无法想起那些潜在的记忆呢？皮埃尔·让内推测这是因为心理创伤，于是他着手消除这些固化观念。在催眠状态下，他小心翼翼地诱导

---

① J. M. Charcot. Sur un cas d'amnésie rétro-antérograde probablement d'origine hystérique. *Revue de Médecine*, XII, 1892, pp. 81-96.

② Pierre Janet. Étude sur un cas d'amnésie antérograde dans la maladie de la désagrégation psychologique. *International Congress of Experimental Psychology, London, 1892*. London: Williams & Norgate, 1892, pp. 26-30.

出了曾经吓坏丁女士的那个男人的形象，通过心理暗示向患者灌输那男人修正的形象。接着，他带领丁女士重建当时的场景。在这一场景里，皮埃尔·让内代替了那个询问能否进入她家做客的不明男人。各种记忆一下子涌进了丁女士的记忆里，不过患者至此产生了剧烈的头痛和自杀冲动，这些最终都消失了。催眠治疗由一个专门设计的智力训练项目做补充。皮埃尔·让内借此强调固化观念的双重特性，即它既是精神衰弱的结果，也是其原因。[1]在沙可的《神经系统疾病的诊断》一书最后一卷涉及丁女士的经历的一条注释里，沙可对皮埃尔·让内给予患者的良好疗效表达了感谢。[2]

皮埃尔·让内第一批患者中的另一位是贾丝廷，一位40岁的已婚女性。1890年10月，塞格拉斯医生在萨尔佩特里耶医院门诊部坐诊时，她来到了医院。她会一连好几天对霍乱有一种病态的恐惧，不停地大喊："霍乱……我染上霍乱了！"这总会导致她癔症发作。童年时期，她对死亡有一种病态的恐惧，这可能是因为有时候她得帮母亲的忙。她母亲

---

[1] Pierre Janet. L'amnésie continue. *Revue Générale des Sciences*, IV, 1893, pp. 167–179.

[2] J. M. Charcot. *Clinique des maladies du système nerveux*. Paris: Progres Medical et Alcan, 1893, II, pp. 266–288.

是一名护士，必须守护一些濒死的患者。有一次她还看见两具感染霍乱死去的患者的尸体。皮埃尔·让内在门诊部为贾丝廷治疗了3年，在她身上用了最著名的治疗方法之一。[1]治疗这一病例的过程与心理分析同样密不可分。

在贾丝廷的疾病发作期间与她交谈毫无用处，因此皮埃尔·让内从分析她的癔症发作内容入手。发病期间，贾丝廷似乎不听他人说什么，因而皮埃尔·让内扮作第二角色，进入了她发作期间的自我表演。患者大喊："霍乱！它要抓住我了！"皮埃尔·让内会回应："没错，它抓住你右腿了！"患者闻言会缩回那条腿。皮埃尔·让内接着会问："你的霍乱呢，它去哪儿了？"对这一提问，她会回答："它在这儿！快看，偏蓝色的，臭烘烘的！"就这样，皮埃尔·让内会跟她开始一场对话，并且在她发作期间一直进行下去，然后渐渐将发作转变为常规的催眠状态。再往后，皮埃尔·让内能轻而易举直接引入催眠，让她对发病期间的主观体验进行完整的描述。她看见两具尸体站在不远处，其中一具离她较近，那是个长相丑陋、一丝不挂的老头，有绿色的身影，浑身散发着腐臭。与此同时，她还能听见悠悠的钟

---

[1] Pierre Janet. Histoire d'une idée fixe. *Revue Philosophique*, XXXVII, 1894, I, pp. 121-168.

声和人们的喊声"霍乱！霍乱！"。在发作过后，贾丝廷似乎会忘掉其他一切，唯独霍乱想法会长期驻留在她的头脑里。皮埃尔·让内详细说明了催眠如何作用于这类病例，他认为施加在被催眠患者身上的催眠引导语作用有限，打破"幻象场景"更为有效，不过这一过程漫长，而且还有局限性。经过验证的最有效的方法是偷换概念，即是说，经过一系列心理暗示，渐渐替换掉"幻象场景"。比方说给裸露的尸体穿上衣服，将其当作贾丝廷在万国博览会会场看见的一位让她印象深刻的外国将军。那位外国将军开始走动，做出的动作不仅不吓人，其形象还变得滑稽了。贾丝廷的癔症发作变成了几声喊叫和几阵大笑的组合。接着，她的喊叫消失了，霍乱幻觉唯有在做梦时才会出现。最终，皮埃尔·让内借助暗示依次将霍乱幻觉驱逐殆尽。经过将近一年治疗，才有了这一结果。有时候人们会观察到，当贾丝廷的大脑正忙于其他活动时，她嘴里会念叨"霍乱"。数次尝试"无意识书写"，没有带来任何疗效。到了这一步，皮埃尔·让内直接对这一词语下手，他暗示，霍-乱-病是那位外国将军的名字，他还把音节"霍"与其他含义联系在了一起。终于有一天，"霍乱"一词丧失了所有邪恶的内涵。

然而，患者并未完全治愈，主要固化观念消失后，二级固化观念开始露头，皮埃尔·让内将这些观念分成三组。（一）衍生的固化观念。它们源自并且与主要固化观念脱不开关系（例如，对尸体以及对墓地的病态恐惧）。（二）有层次的固化观念。人们会看到，移除一个固化观念后，会冒出与第一个观念毫无关联或与其周边环境毫无关联的观念。它会是刚诊治的观念之前的观念，因此它是更久远以前的观念的复现。依次将这一观念移除后，人们甚至会发现更古老的第三个观念。因而对患者有生之年遭遇的那些主要固化观念施以治疗时，必须顺序倒置。（三）次要的固化观念，即日常生活中由任意偶发事件激发的全新的观念。它们容易被移除，然而，条件是必须当即处理。它们特别容易发生，这一事实证明，患者处于高度感知状态，这反过来催生了进一步治疗的必要性。心理暗示疗法不能用于这样的场合。的确，这一问题的解决方案基于开发患者的关注能力和心理整合能力。为达目的，皮埃尔·让内为贾丝廷设计了一套小学基础练习程序，一开始是做容易的算术作业或写几行字。为做好这些，他需要贾丝廷那善解人意的丈夫配合。经过一年训练，即是说，时间来到第三年年末，患者处在了一种明显的正常状况，不过皮埃尔·让内仍然谨慎地说，至此还难言患者已经完全康复。

在探讨贾丝廷的病因时,皮埃尔·让内考虑了患者的遗传和生活轨迹。考虑后者时,他谈到了身体疾病和心理创伤的交互作用。贾丝廷6岁或7岁时罹患了一次性质不明的严重疾病,也许是脑膜炎。后来她又染上了伤寒(皮埃尔·让内强调,罹患严重神经衰弱前,许多患者常常会患上伤寒或流感)。还是孩子时,贾丝廷受过好几次惊吓和感情冲击,死于伤寒的患者们的尸体在那段经历中特别突出。重建患者的家谱时,在超过三代人或四代人的群体里,皮埃尔·让内发现,病态冲动、走火入魔、酗酒成瘾常见于老几代人,而后几代人里有人患癫痫,有人低能。正是用这样的族谱做基础,莫雷尔奠定了智力退化理论。然而,皮埃尔·让内根本不相信这类致命的退化特征,他声称,正如个体疾病会减弱,各种家族病也会减弱。他说,重要的是必须理解,疾病会超越个体,这也是为什么在那种情况下人们绝不能期望心理疾病会痊愈。警示人们不要另有错觉时,皮埃尔·让内强调说:"看起来越容易治愈的精神疾病,实际上越严重。"接受心理暗示能力越强,说明心理弱势越突显,这会导致患者需要催眠来引发梦游。这样的需要容易上瘾。皮埃尔·让内认为,这就像吗啡上瘾一样危险。这样的患者不仅渴望被催眠,而且长期需要向精神科医生敞开心扉,后者给他们的场景必将长期存在于他们头脑的潜意识里。他们还得接受训斥，接受后者的指导。贾丝廷经常看见皮埃尔·让内的幻象，听见他说话。有一次，在虚幻状态下，贾丝廷就此咨询皮埃尔·让内，他给出了很好的建议。皮埃尔·让内总结道，治疗问题首先包括设定患者头脑里的方向，然后把方向缩小到必需的最小范围，尤其要拉开与患者见面的间隔。一开始他每周为贾丝廷看好几次病，然后是一周一次，再然后，到了第三年，每月一次。这样的治疗需要多久？皮埃尔·让内的回答是引述莫雷尔的事例，后者在精神病院用磁疗法为一位精神病患者治病，而且治好了她。患者出院后，按固定的间隔找莫雷尔诊疗。然而，莫雷尔死后，她突然旧病复发，必须终生住院。皮埃尔·让内总结道："我们希望这种意外不会很快在我们那些患者身上重演。"

皮埃尔·让内治愈的另一个著名病例是阿齐里斯。1890年末，有人将这个33岁的男人带进了萨尔佩特里耶医院，他的临床表现为"鬼上身"。他生活在崇尚迷信的环境里，据说他父亲在一棵树下遇到过"恶魔"。阿齐里斯处于一种癫狂的躁动状态，不停地重捶自己，满嘴都是亵渎神灵的污言秽语，有时他会用魔鬼的口吻说话，其间夹杂着自己的口吻。沙可请皮埃尔·让内为他治疗。他的病历没把他的问题说得很清楚。大约6个月前，患者因生意上的事短期出差，回来后，他夫人注意到，他整日心事重重、郁郁寡欢、沉默寡言。为他做检查的几位医生都没发现问题。男人会突然爆发一阵骇人的大笑，前后会持续两小时。他还会声称看见了地狱、撒旦、恶魔。后来人们将他的双腿绑在一起，他纵身跳进一个水塘，接着人们又把他打捞上来。数个月来，阿齐里斯一直处于这种状态。不过，阿齐里斯拒绝对话，事实还证明，没有可能对他实施催眠。

皮埃尔·让内利用患者的心烦意乱状态往他手里塞了一支笔，站在他背后压低声音提了几个问题。随着握笔的手开始书写答复，皮埃尔·让内压低声音问："你是谁？"他用那只笔写出的答案为："恶魔。"皮埃尔·让内接了一句："那咱俩就有话说了。"他要求所谓的恶魔违背患者的意愿，将其带入催眠状态。一旦进入催眠状态，患者开始自行回答提问，并且说出了事情的原委。6个月前因生意上的事出差期间，他做了背叛妻子的事。他试图忘掉那事，不过他发现，自己不会说话了。他开始大量做梦，梦见恶魔。

正如皮埃尔·让内解释的一样，患者的妄想远比梦境的进程更加复杂："这是种心理整合，是将这颗可怜的脑袋一分为二的两组思想的反应，是他头脑里的梦境和正常人的反抗在相互作用。"这也是为什么心理暗示不足以治他的病。"人们必须找出隐匿在妄想根源处的基本事实。我们的患者的病根并没有藏在恶魔想法里。那种想法排在第二位,无非是他迷信想法的表露。真正的病根是他的自责。"皮埃尔·让内向被催眠的患者保证,他妻子原谅了他。表面的妄想消失了,梦境里的妄想却挥之不去,继之必须将其从梦境里逐出。1894年12月,在公开发表对这一病例的观察时,皮埃尔·让内说患者至此已痊愈3年,他的结论为:"人类过于骄傲,以为对自己所做、所说、所想,以及自身都能做主。①也许人类对自己做得了主的事少之又少。违背人类意志的事反而多得不得了。"他还补充说,人类有一种自我安慰倾向,总是自说自话用完美的故事掩盖乏味的现实。有些人的故事会占上风,让他们以为自己比真实世界更重要。②

另一个经典的、稍后出现的病例是艾琳,她23岁时被人带到萨尔佩特里耶医院,当时她患有严重的癔症癫狂、梦

---

① Pierre Janet. Un Cas de possession et l'exorcisme modern. *Bulletin de l'Université de Lyon*, VIII, 1894, pp. 41-57.
在其早前的医学论文里,皮埃尔·让内扼要介绍过该患者的治疗过程。参见 *Contribution à l'étude des accidents mentaux chez les hystériques*(Paris: Rueff, 1893, pp. 252-257)。

② 在 *Névroses et idées fixes* 一书的前言里,皮埃尔·让内提到,阿齐里斯治愈7年后仍然精神健康。

游发作、幻觉、健忘。[①]病情是两年前她母亲过世后开始出现的。艾琳是一位嗜酒如命的工人和神经兮兮的母亲的独生女,她非常聪明,听话,做事全力以赴,不过她性子急,极其害羞。20岁那年,她不得已开始照顾患上严重肺结核的母亲,与此同时,她还得为全家谋生。母亲在世的最后两个月,艾琳甚至不睡觉,不分昼夜照顾她。1900年7月,母亲的过世让艾琳的性格彻底变了。她去墓地不仅不做悼念的事,还狂笑不止,开始经常往剧院跑。她知道母亲死了,不过说起这事就像一件与她无关的历史事件。母亲过世前3到4个月,严重的健忘症一直在她身上延续。对随后发生的许多事,她也表现出相当程度的健忘。然而,她不时会出现幻觉,看到母亲的身影,听见母亲说话,有时母亲会强令她自杀。最重要的是,她会经历梦游,重新经历一遍母亲去世。梦游会持续数小时。皮埃尔·让内的说法是,那是一场"极其出色的戏剧场景",没有哪位女演员能把这样的悲伤场景表演得如此逼真,如此完美。艾琳会跟死去的母亲对话一段时间,在母亲命令下横躺到铁轨上。火车临近,即将碾压到她时,她会显现出令人印象深刻的恐惧。她也会重新经历其他

[①] Pierre Janet. L'Amnésie et la dissociation des souvenirs. *Journal de Psychologie*, I, 1904, pp. 28-37.

惨痛的事件，例如亲眼见证一个男人用左轮手枪自杀。艾琳独自在医院住了3个月，一直接受水疗法和电击疗法，未见任何疗效。皮埃尔·让内为她催眠时，遇到了非常强烈的抵触。治疗师必须特别努力，给予强刺激，才能恢复她的一些记忆。不仅如此，重新找回缺失的记忆总会伴着剧烈的头痛，这与丁女士情况相同，而且恢复的记忆很容易失去。主要的治疗手段是刺激记忆：一旦艾琳变得可以自主思念母亲，她就会停止被动地想到母亲，随后健忘症和强忆症均会消失，癔症发作、幻觉、各种基于潜意识的突发恐惧都会彻底消失。

皮埃尔·让内注意到，艾琳的疗程与丁女士的正相反。治疗后者时，固化观念的消除带来了健忘症的消失。皮埃尔·让内总结道，以这类癔症为例，这种病的发病在于两件事同时发生：（一）患者没有能力有意识地和主动地唤起某些记忆；（二）前述相同的记忆自动的、不可抗拒的、不合时宜的复活。因此我们只好与一种逃离意识控制和独立发展的心理系统打交道。艾琳的例子像其他病例一样，催眠和心理暗示治疗必须辅以精神刺激和再教育。

渐渐地，皮埃尔·让内将潜意识固化观念这一概念扩展到典型的癔症领域，比如扩展到顽固性失眠多发领域，这不禁让人想起诺瓦泽和老一代磁疗师们强调的"意志和心理暗示"在睡眠中的作用。皮埃尔·让内指出，失眠的一种形态是潜意识固化观念引起的，他还以一个实例说明这一点。一位37岁的女性失去一个孩子4个月后染上了严重的伤寒。患病末期，有那么一两个月，她显露出对死去的孩子的强迫性怀念。[①]这一强迫症消失后，她开始失眠，至今已持续3年。催眠治疗带不来睡眠，只能带来头痛和精神错乱。萨尔佩特里耶医院收下了她，夜里会有人看护她，人们发现她彻夜不眠。皮埃尔·让内开始为她催眠，最初她能睡两三分钟，然后她会在惊恐中苏醒。如此也可证实，她可以入睡，却无法持续睡眠。在持续仅仅数分钟的自主睡眠中，皮埃尔·让内成功地与她建立了"共情"，借助小声对她说话，可以让她保持睡眠长达2小时。在睡眠过程中，她能与皮埃尔·让内对话，告诉皮埃尔·让内，孩子的死亡和葬礼这一固化观念总会出现在她面前，有时她还会冒出父亲的死亡这一固化观念。因而上述固化观念一开始曾经是有意识的强迫性观念，后来才变成潜意识观念，因而导致了失眠。对这种病的治疗在于消除上述固化观念，可是，各种症状消失后，患者没能摆脱需要皮埃尔·让内的长期指导。

---

① Pierre Janet. L'Insomnie par idée fixe subconsciente. *Presse Médicale*, V, 1897, II, pp. 41–44.

深入研究8位罹患躯干肌痉挛的患者时，皮埃尔·让内发现，他们中的每一位要么有心灵创伤，要么有情绪休克。[1]他说，肌肉挛缩继续，因为情绪在继续。那是一种"凝结的情绪"，患者完全感觉不到。他接着说，心理暗示疗法根本不够。在消除潜意识固化观念时，必须在心理治疗的同时辅之以按摩。根据皮埃尔·让内的说法，按摩效果在很大程度上有赖于按摩师对患者施加的个人影响。

皮埃尔·让内的成果以详细描写大量病例的治愈过程为特点，其过程始自确诊"潜意识固化观念"，终至将其消除，最初的病例计有露茜（1886年）、玛丽（1889年）、玛塞尔（1891年）。皮埃尔·让内在研究中得出的结论为：心理分析也有治疗价值。[2]

简单总结一下皮埃尔·让内在心理分析领域的主要发现如下。

一、首先是发现"潜意识固化观念"及其致病作用。它们通常源自一个创伤性的或骇人的事件，后来变成了潜意识观念，再后来被一些症候取代。皮埃尔·让内认为，这一过

---

[1] Pierre Janet. Note sur quelques spasmes des muscles du tronc chez les hystériques. *La France Médicale et Paris médical*, XLII, 1895, pp. 769-776.

[2] 皮埃尔·让内的心理分析从一开始就具备治疗内涵，不过，在投身医科学业前，他不可能在自己的成果里强调这一层面。

程由越来越窄的意识域相互关联。

二、通过研究一些患者，皮埃尔·让内发现了处在中间层次的位于清晰的意识和身体构造之间的潜意识观念。此外，通过关联和替换，在主要固化观念周边会出现第二层固化观念，让事情更为错综复杂。有时候，甚至会出现一长串潜意识固化观念，每一个观念源自患者生命中的某一特定时间点。

三、在皮埃尔·让内看来，潜意识固化观念既是精神衰弱的原因，又是其结果，构成了病理的恶性循环。它们还会经历缓慢的变化。

四、辨别患者们身上的潜意识固化观念并不总是那么容易。有时候患者发作的内容很明显（例如艾琳梦游时一而再再而三表演母亲去世）。更常见的是，癔症发作再现的是潜意识固化观念的假象。皮埃尔·让内有时会提及一些症状的象征性特点（比方说玛丽的病例）。必须借助客观的调查手段才能找到潜意识固化观念。有时候（例如丁女士）在患者做梦时提问会得到一些线索，不过皮埃尔·让内的主要方法仍然是催眠。虽然患者或多或少会有一些抵触，但是催眠总会让患者透露一些忘记的内容。催眠常常可以辅以"无意识书写"或者"分心"方法。皮埃尔·让内不时会使用"无意识交谈"方法（例如在丁女士的案例中）或"水晶球凝视法"。①

五、潜意识固化观念是癔症的典型特征，与有意识的"强迫性神经症"有鲜明的对比。不过，皮埃尔·让内很快发现，潜意识固化观念也存在于严重失眠和肌肉痉挛的案例中。他与雷蒙德联名发表了对"漫游性自动症"的研究②，那似乎是人类第一次对此进行研究。他们将神游状态下完成的各种行为解释为各种各样的潜意识固化观念的协同效应。

六、心理治疗必须瞄准潜意识固化观念，不过皮埃尔·让内从一开始就强调，把潜意识观念带进意识里不足以治愈患者，可能仅仅会把这样的观念变成有意识的固化观念。必须通过分离或改变手段消灭固化观念。很明显，由于固化观念本身是整个疾病的一部分，将其移除必须辅以整合治疗，其形式为再教育或其他形式的心理训练。皮埃尔·让内认为，电击和按摩在很大程度上是心理疗法的变相形态。③

---

① Pierre Janet. Sur la divination par les miroirs et les hallucinations subconscientes. *Bulletin de l'Université de Lyon*, XI, 1897, pp. 261-274.

② Raymond & Pierre Janet. Les délires ambulatoires ou les fugues. *Gazette des Hôpitaux*, LXVIII, 1895, pp. 754-762.

③ 皮埃尔·让内在其论文中提到了"想象中的电疗"现象，那是1887年他在勒阿弗尔的医院里见识的。对一位深受癔症瘫痪折磨的患者实施电疗时，惊讶于患者接触到电流那一刻疗效竟然如此神奇之际，他突然注意到，治疗仪的插头根本没插到插座上！详细内容参见 *L'Anesthésie hystérique*, *Archives de Neurologie*, XXIV, 1892, pp. 29-55.

七、皮埃尔·让内强调"共情"在治疗过程中的作用。早在《心理自动机制》一书里，他已经从患者围绕催眠师本人表现出"意识域"选择性渐行渐窄的观点探讨过"共情"。老一代磁疗师们调查并详细描述了"共情"，还指出了它如何在催眠时间段（皮埃尔·让内称其为"梦游的影响"）结束后继续存在。皮埃尔·让内对他们的贡献深表谢意。在1891年发表的关于玛塞尔的报告里，皮埃尔·让内从患者的利益出发，为如何调控"影响"立了规矩。在第一阶段，需要建立"共情"；在第二阶段，必须避免它的过分进展，必须通过拉大治疗间距限制它。1896年8月，在慕尼黑召开的国际心理学大会上，皮埃尔·让内宣读了论文《梦游的影响及其节制的必需》①。他提请人们注意，前后两次催眠时间段的间隔期可分成两个阶段。第一阶段，患者会感到释然、幸福、有效率，对催眠师没有过多想法。第二阶段，患者会感到压抑，同时会感到需要催眠，会不停地思念催眠师。他们对催眠师的感觉五花八门，例如满满的爱、恐惧、崇敬、嫉妒。一些患者接受那样的影响，另一些则反抗那样

---

① L'Influence somnambulique et le besoin de direction. III. *Internationaler Congress für Psychologie, vom 4. bis 7. August 1896.* Munich: J. F. Lehmann, 1897, pp. 143-145.

的影响。尽管影响无法让人很明显地意识到，存在于表面之下，但可以得到证明，例如在患者的梦境里，在凝视水晶球之际，在无意识书写之际。皮埃尔·让内很快又注意到，一种相似的现象存在于非癔症患者身上。癔症患者则不然，影响的形式为需要被催眠。在强迫症和抑郁患者们身上，影响发展成了"需要被引领"。皮埃尔·让内认为，对于研究"社会情感"和人际关系心理学，精神依赖的临床表现必定是很好的起点。在后来公开发表的一些文献[1]里，皮埃尔·让内更加详尽地阐释了这些概念。

在谈论心理分析时，皮埃尔·让内从不说这是他自己的方法。正如数学家们谈论代数分析，化学家们谈论化学分析一样，他使用这一词语显然是就其普遍意义而言的。不管怎么说，有时候人们会把"心理分析"一词与皮埃尔·让内对无意识过程的探索相提并论。[2]

---

[1] Pierre Janet. L'Influence somnambulique et le besoin de direction. *Revue Philosophique*, XLIII, 1897, I, pp. 113–143.

Névroses et idées fixes. Paris: Alcan, 1903, II, pp. 423–480.

[2] 这是综述皮埃尔·让内医学论文的一篇文章的说法。详情请见 *Mind*, New Series, II, 1893, p. 403。

第九章

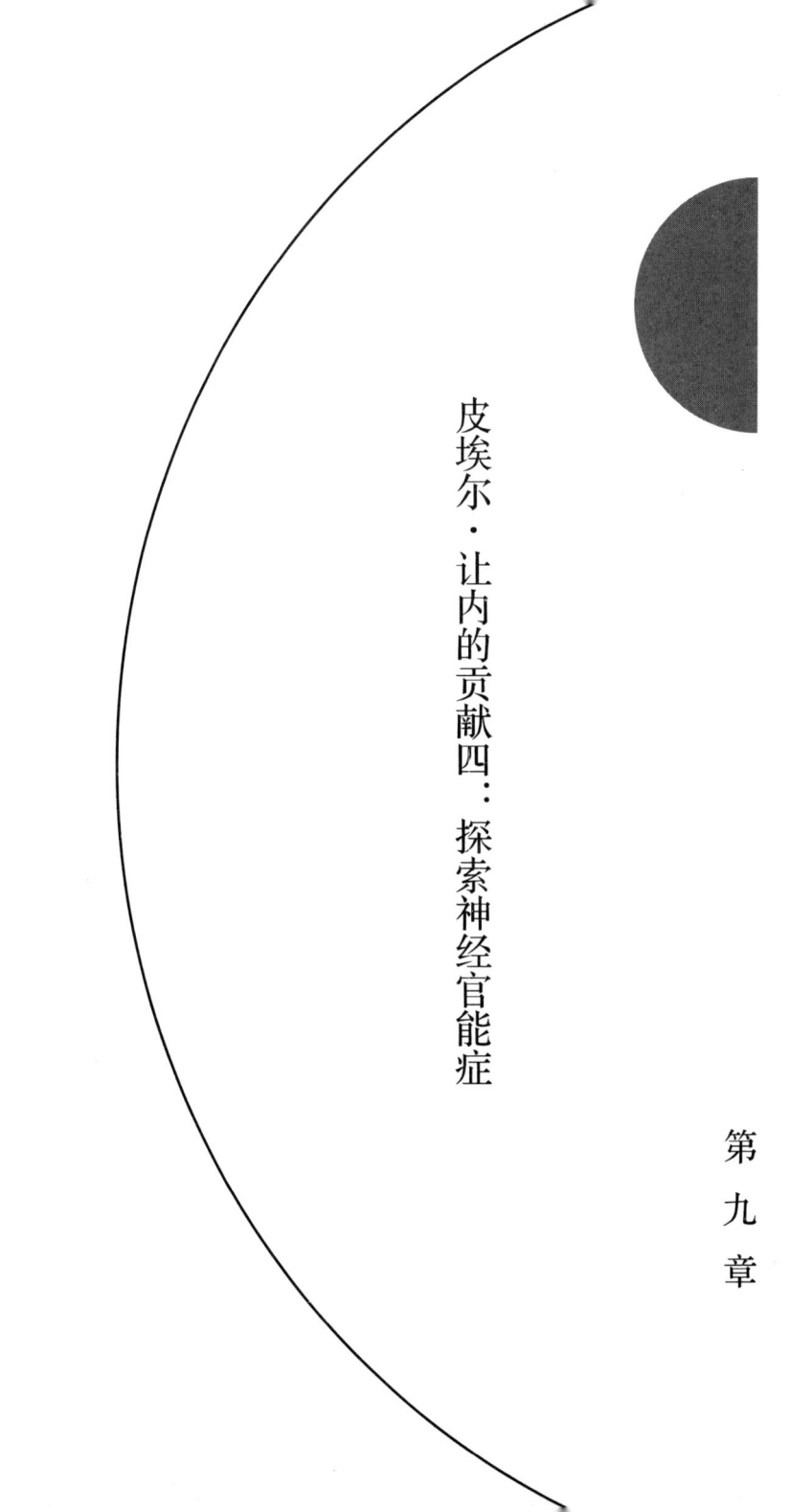

皮埃尔·让内的贡献四：探索神经官能症

第九章 皮埃尔·让内的贡献四：探索神经官能症

皮埃尔·让内的临床研究始于癔症病人，由此他又转向了其他神经症患者。在萨尔佩特里耶医院，他有数不清的门诊病人可选，后来他又有了自己的病人。他倾全力将某种秩序带进那一领域，还精心炮制了神经症综合理论，并通过两部巨作进行详述：一部是《神经官能症和固化观念》[1]，另一部是《强迫症和精神衰弱》[2]。后来他又通过一本薄书概述了神经症的各种基本特征，书名为《神经官能症》[3]。

皮埃尔·让内从不让理论工作脱离临床观察，就此而言，无论神经症理论如何变化，在描述各种精神症状方面，他的病历库存显示了它们的价值。那一临床资料库存被分类和汇总为一种以区分两类基本神经官能症——癔症和神经衰弱为特征的综合体。皮埃尔·让内弃用了"神经衰弱症"一

---

[1] Pierre Janet. *Névroses et idées fixes, 2 vols.* Paris: Alcan, 1898.
[2] Pierre Janet. *Les Obsessions et la psychasthénie, 2 vols.* Paris: Alcan, 1903.
[3] Pierre Janet. *Les Névroses.* Paris: Flammarion, 1909.

词，这一词语内含神经生理学理论，而这一理论没有证据支撑。他把强迫症、恐怖症，以及其他多种神经官能症临床表现综合为一组神经症，创造了"神经衰弱"一词。

皮埃尔·让内对癔症的研究散见于他在1886年到1893年公开发表的一系列论文中，随后这些内容都被编入了他的医学专题论文[①]。两年后，他又出版了一部关于癔症心理疗法的书稿[②]。后来他又做了一些修改，这些通过《神经官能症》一书即可了解。区分两个层次的症状——"突发症状"和"基本症状"的差异构成了皮埃尔·让内关于癔症概念的核心。"突发症状"有赖于潜意识固化观念的存在。皮埃尔·让内将"基本症状"称作阴性症状，这种症状表明的是一种基础障碍，他将其称之为"意识域越来越窄"。

1893年，皮埃尔·让内对截止到当时人们经常提及的各种癔症理论进行了一番调查和修正。[③]他既拒绝认可纯神经病学理论，也拒绝认可根据"捏造的"癔症症候设立的理

[①] Pierre Janet. Contribution à l'étude des accidents mentaux chez les hystériques. Paris: Rueff et Cie, 1893.

[②] Pierre Janet. Traitement psychologique de L'hystérie. Traité de Thérapeutique Appliquée (Dir. Albert Robin), Fascicule XV, IIe. Partie. Paris: Rueff, 1898, pp. 140–216.

[③] Pierre Janet. Quelques définitions récentes de l'hystérie. Archives de Neurologie, XXV, 1893, pp. 417–438; XXVI, pp. 1–29.

论。与布里凯和沙可一样，皮埃尔·让内认为，癔症是一种精神性疾病（虽然它产生于异常的生理构造基础之上）。他也接受莫比乌斯和施特吕姆佩尔两人捍卫的"病态表征"理论，因为该理论在一定程度上接纳了癔症"突发症状"发病机理。他认同宾尼特的双重人格形态癔症理论。他说，实际上那些癔症个体身上存在着一种潜意识，在发病时和催眠时才会明显地表现出来，"突发症状"事前看不见，这就是原因。不过，全方位阐释癔症的本质，必然会涉及一个更为基本的特征，即"意识域越来越窄"。以下内容摘自皮埃尔·让内的文章："癔症型人格无法感知所有现象。它无疑会舍弃它们中的一部分。它是一种自残，那些被抛弃的现象会在主体毫无察觉的情况下独立存在。"[1] "意识渐行渐窄"接下来会受患者缺少心理力量的制约。

皮埃尔·让内对癔症所做的各种文字描述和调研从未提及"金相检测"和"传染"现象，沙可的一些学生对这些相当着迷。皮埃尔·让内显然从未相信过这些，不过他也避免与这些发生冲突。

皮埃尔·让内还搜集了大量关于精神衰弱的资料，构建

---

[1] Pierre Janet. Quelques définitions récentes de l'hystérie. *Archives de Neurologie*, XXV, 1893, pp. 417-438; XXVI, pp. 1-29.

了一个巨大的理论框架，在此他还把各种症候划分为两个层级。比较靠近表层的是各种类型的心因性发作、阵发性焦虑、各种各样与固化观念相关的明显的临床表现。不过，与癔症相反，这些固化观念是有意识的，其形式为强迫症和恐怖症。处在较低层级的是心因性"基本症状"，皮埃尔·让内认为其与"现实生活机制"的初级干扰有关。他说："最困难的心智运行是现实生活的机制，因为它恰恰是最先消失的和最频繁消失的那个。"他把这些与柏格森称之为"对当下生活的关注"相提并论，不过他对此进行了更加详细的分析[①]。

"现实心理功能"最明显的表现形态是作用于外在事物的行动能力，以及改变现实。必须应对社会环境时，必须应对自己职业中各种更为复杂的活动时，必须应对适应新情况时，困难会增强。人们必须具有自由和人格印记时，也就是说，当行动必须与外界的各种要求以及人们完整的人格两方面都协调一致时，困难会增强。现实心理功能意味着关注，即关注外部现实，以及关注自己的观念和想法的行为。"自愿行动"和"注意力"这两项心智运行被人们看作合成的运行，即现时化，也就是当下这一刻在人们头脑中的形态。

---

① Henri Bergson. *Matière et mémoire*. Paris: Alcan, 1896, p. 119.

人类思想的自然倾向是在过去和未来之间漫游，因此需要付出某种努力才能让人关注当下，需要付出更多努力才能让人集中精力于当下的动作。"对人类而言，真正的当下是某种复杂的行为，它如此复杂，它可能会持续很长或很短时间，人类将其理解为意识的一种单一形态……'现时化'包括将'当下'变成一种心态和一组现象。"[1]皮埃尔·让内将头脑在较低层次的各种运行称作无兴趣的活动（例如各种习惯性动作、各种冷漠的和自动的动作）。在更低层次上，还有想象功能（例如表象性记忆、幻想、抽象推理、白日梦）。最后还有两个更低的层次，即各种情绪反应、各种无用的肌肉运动。

在《无意识心理》一书里，他仅仅将它们分为两个层级：心理整合功能和无意识心理功能。人们从中可以看出皮埃尔·让内的各种观念是如何形成的。后来，他构思了一个层级体系，将各种心理功能分为5个层级，该体系的最高层级为现时心理功能，它的最高点为现时化（即是说，最大程度理解现实的能力），它的最低层级为"肌动"。这一新概念让人们可以将大脑的每一次运行归于一种"现实系数"，

---

[1] Pierre Janet. *Les Obsessions et la psychasthénie*. Paris: Alcan, 1903, I, p. 491.

为人们理解精神衰弱症候提供了线索。如果人们考虑患者心理功能消失的频率以及速度，就可以由此看出，"现实系数"越高，它们消失得越快，反之，系数越低，它们存续的时间越长。

那一阶段，皮埃尔·让内开始寻思，仅仅考量"心理能量"的数量已经不够，还必须考虑个体的"心理紧张度"，也就是说，必须考虑个体将心理能量提升至心理功能体系某特定层级的能力。皮埃尔·让内在1903年定义的"心理紧张度"包括两个事实的组合：（一）在新的心理整合方面集中和统一心理现象的行为；（二）依照此法整合的心理现象的数量。①个体在心理功能体系方面所能达到的最高层级可以证实其"心理紧张度"。正因为如此，皮埃尔·让内在《强迫症和精神衰弱》一书里勾勒出了动力学理论，接下来数年，他将大力发展这一理论。

皮埃尔·让内的神经官能症概念既不属于纯器质性疾病学说，也不属于纯心因性理论。说到癔症，以及神经衰弱，他把心理遗传进程划分为源自生活中的一些事件和固化观念，以及有机基质，也就是神经质体质。他把后者归于一些

---

① Pierre Janet. *Les Obsessions et la psychasthénie*. Paris: Alcan, 1903, I, p. 505.

遗传的和先天因素。在19世纪末的法国，人们将这些混为一谈，悉数归于并不恰当的"智力退化"名下。这一词语传承自莫雷尔，当时已经丧失全部含义，仍以惯常方式沿用下来。

形成症候的心理发生作用，以及直接导致精神疾病的有机因素，这两者间的二元性早在1906年的一篇论文中已经得到充分阐释：萨尔佩特里耶医院收下了一位患有被害妄想的男性患者，他很久以前就已发病，部分病因可解释为一些生活中的事件。不过，后续检查揭示，患者还受麻痹性痴呆困扰，犯麻痹性妄想病时，"他倒向了自己倚靠的那一侧"[①]。

---

① Pierre Janet. Un Cas de délire systématisé dans la paralysie générale. *Journal de Psychologie*, III, 1906, pp. 329–331.
从某种程度上说，费伦齐和哈罗两人也做过类似的研究，参见 *Zur Psychoanalyse der paralytischen Geistesstörung*（Vienna：Internationaler Psychoanalytischer Verlag，1922）。亦可参考 Psychoanalysis and the Psychic Disorders of General Paralysis（*Nervous and Mental Disease Monograph Series*, No. 42, 1925）。

第十章

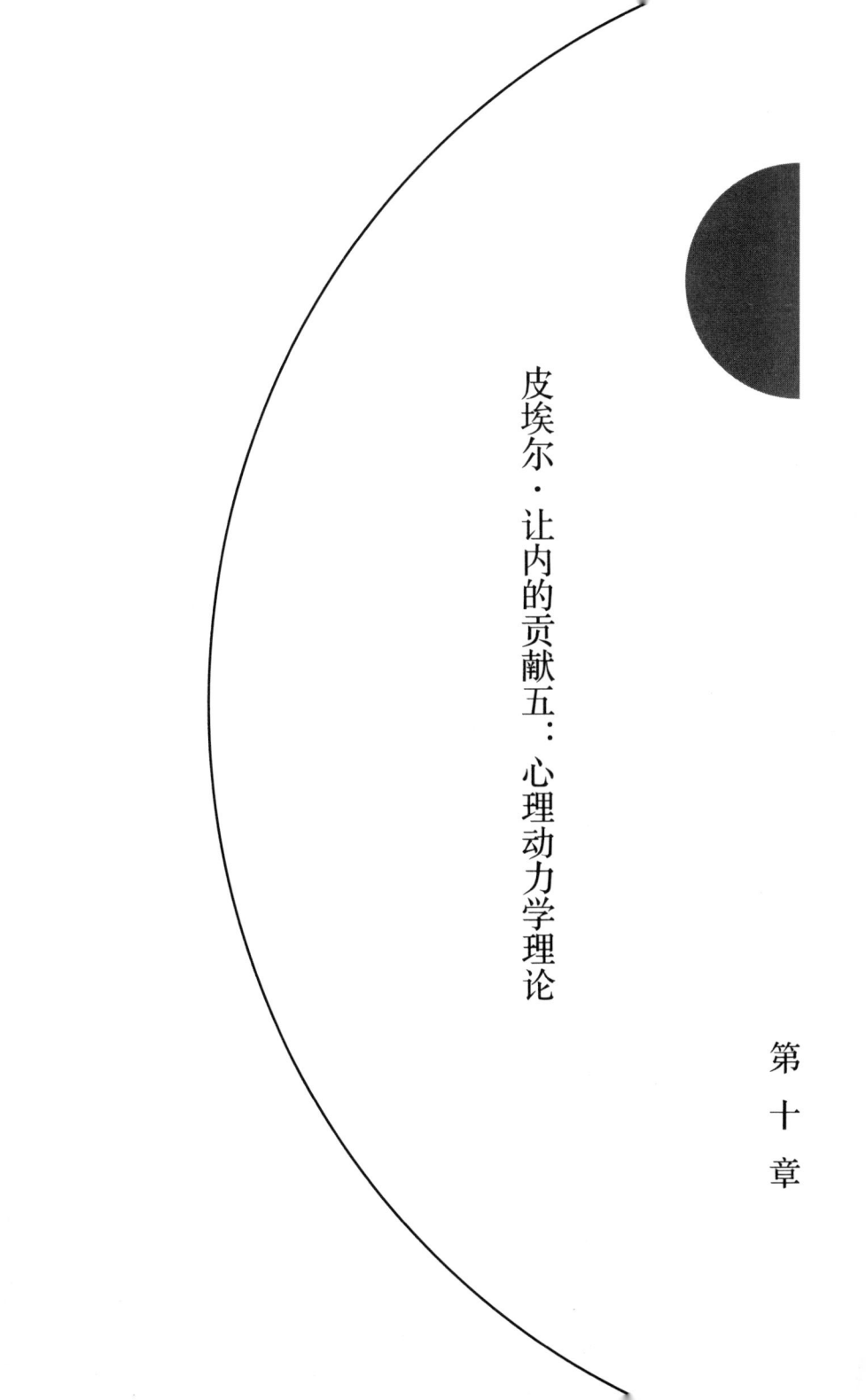

皮埃尔·让内的贡献五：心理动力学理论

皮埃尔·让内建立在癔症和神经衰弱这两类神经症上的名望都被荣格拿走了，荣格将它们变成了外向型人格和内向型人格的原型（后者还跟布鲁勒精神分裂理论挂了钩）。无论如何，在那一时期的法国，承袭沙可学术思想的神经病学学派质疑癔症神经症究竟是否存在，癔症患者在法国各医院日渐减少。神经衰弱观念也遭到批评。它究竟算不算疾病分类学里的独立分支？

皮埃尔·让内继续研究神经官能症，并开发了一种动力学理论，关于此，他在《强迫症和精神衰弱》（1903年）一书里首次勾勒出了大致轮廓。各种更新的进展都收进了《心理治疗药》（1919年）一书里，以及随后出版的《心理的力量和弱点》（1930年）一书里。随着时间的流逝，它变成了一种复杂的构成，尽管它复杂如斯，本书仍将尽可能对其扼要概述一下。

在皮埃尔·让内那个时代，许多医学著作作家认为，存在假设的心理紧张或心理能量,而它们的不足会导致神经衰弱扰动。不过,作家们还对一些事实感到困惑,例如某个看起来极度疲乏的个体,会在某些刺激下瞬间变得精力充沛,足以完成一些困难的行动。皮埃尔·让内详细阐释了一个体系,克服了这些表面的矛盾,在这个体系里,心理能量以两个参数为特征:力量特征和紧张特征。

心理力量是基本心灵能量的数量,也就是完成许多长时间的和快速的心理行为的能力。它以两种形态存在:隐性形态和显性形态。调动能量意味着将其从隐性形态过渡到显性形态。

心理紧张是某个个体依据皮埃尔·让内详细阐释的心理倾向体系在较高层级之上或之下使用自身心灵能量的能力。整合运行的数量越多,整合体也会越新颖,随之心理紧张的响应也就越激烈。①

皮埃尔·让内还做过与身体现象的对比。他把心理力量和心理紧张关系与"热"进行了对比,而热以卡路里形式,以及温度形式表示;还与"电"进行了对比,而电以电流和

---

① 虽说没必要,但仍需指出的是,在皮埃尔·让内看来,"心理紧张"与通俗意义上说的忧虑和恼怒相关的所谓"紧张"没有任何相通之处。相反,用皮埃尔·让内的话说,它们有相通之处,等于把"心理紧张"身段放低了。

电压表示。

这些心理力量和心理紧张的关系会通过各种现象昭示。心理力量的数量得以维持而心理紧张处于低位时，会发生焦虑。心理抑制发作，以及其他心理发泄，是心理紧张突然降低的效应。在更高层级使用某一层级的心理能量时，会出现心理疏导。心理力量和心理紧张之间理应有一种均衡，这种均衡往往很难维持，因而会出现情绪波动。在皮埃尔·让内看来，情绪波动在精神病理学里起着重要作用。

在这些心理力量、心理紧张、它们的相互关系等概念帮助下，皮埃尔·让内得以建立一个全新的，与神经质状态和心理疗法有关的理论模型。

"像如今人们做生意一样，未来某一天，人们可能会为精神的预算设立一个平衡表。接着，精神病学家即可有效地利用不充分的资源，同时避免不必要的开支，将努力方向准确定位。更让人满意的是，精神病学家还可教导患者们，增加他们的收益，充实他们的头脑。"这正是皮埃尔·让内厚达1100页的《心理治疗药》[1]一书力主的原则。他的瑞士门徒莱昂哈德·舒瓦茨进一步详细阐释并经典化了他的体

---

[1] Pierre Janet. *Les Médications psychologiques*. Paris: Alcan, 1919, III, pp. 469-470.

系。①以下内容既基于皮埃尔·让内的一些原则,也基于舒瓦茨的详细阐释。②

与每一位神经病患者打交道,首先要关注的应当是评估其心理力量和心理紧张。这意味着必须对患者描述的自己的生活方式和社会环境里的人际关系给予审慎的关注。这种系统性问询能让医生分别解开神经症两个基本综合征各自的部分:脑衰弱综合征和张力低下综合征,这两者几乎永远纠缠在一起,难解难分。

脑衰弱综合征的定义是心理力量不足,最突出的临床表现为慵懒,努力做事后慵懒会增强,休息过后慵懒会减弱。

脑衰弱的症状多到数不胜数,皮埃尔·让内将其分为3种主要类别。③在轻度类别里,许多患者对自己感到不满,他们无法充分享受幸福或快乐,特别容易变得焦虑或压抑。他们容易疲劳,会躲避付出努力、躲避积极主动,躲避各种社会关系,人们会认为,他们自私或无聊。他们会尽可能限

---

① Leonhard Schwartz. *Neurasthenie: Entstehung. Erklärung und Behandlung der nervösen Zustände*. Basel: Benno Schwabe, 1951.

② 很难区分舒瓦茨在多大程度上详细阐释了皮埃尔·让内的各种原理。舒瓦茨告诉过本书作者,他一直跟皮埃尔·让内保持通信往来,与他直接讨论这些问题。

③ 详细描述这些症状使用了一种多路重复方式,参见皮埃尔·让内撰写的 *Psychologie Expérimentale. Compte-Rendu du cours de M. Janet*(Paris: Chahine, 1926, pp. 223-317)。

制自己的兴趣、情绪、行为，限制程度直逼过苦行僧式的生活（即神经质的禁欲主义）。他们总是怀疑他人，情绪不稳定，对新环境适应缓慢；他们总是一副神秘兮兮的样子，却无法轻松守住任何秘密，他们往往还是大骗子。作为脑衰弱的后果，他们会特别努力和特别关注他人认为毫无必要的一些事。

皮埃尔·让内将中度脑衰弱类别称之为社会性脑衰弱，这一类别包括一些感觉缺失（法语为"sentiment du vide"）的患者：对他们来说，各种事情，或每个个人，或他们自己的人格似乎都是空洞的——如果脑衰弱更为严重，甚至会让他们觉得反感。他们不喜欢身边的人们，也不会感到被别人喜欢，因而他们会感到孤独。他们往往会寻找一个能依附的人；他们的部分活动总是致力于寻找避免努力奋斗的方法。许多酗酒之人属于这一范畴。

第三种类别包括这样一些患者，他们的脑衰弱如此严重，以致他们无法从事稳定的工作。这属于严重的精神分裂症状——那个时期这种症状仍被称作早发性痴呆。当初皮埃尔·让内把这种状况说成"la démence précoce est une démence sociale"（早发性痴呆是一种社会性痴呆）。

由心理紧张不充分定义的心理"张力低下综合征"以

两种症状的排序为特征：在某心理层级无法履行心理整合行为导致的基本症状，以及位列第二的症状（或称派生症状），其表达的是废掉的神经爆发力在预期的层级无法加以利用。基本的主观症状为自卑感（法语为"sentiment d'incomplétude"），其表达的事实为，由于个体在某一特定的层级没有能力履行各项完整的行为，只好在较低的活动层级做功。位列第二的各种症状包括范围广泛的各种躁动，皮埃尔·让内在1903年出版的《强迫症和精神衰弱》一书对它们进行了详细描述：例如运动型躁动、抽搐症、做手势、话痨、焦虑、强迫症、心理反刍，还有哮喘、心悸、偏头痛。颇为典型的是，休息会增加心累，强努会减少心累。还有，这类患者自然而然会寻求刺激，因为刺激不仅会调动潜力，还会将这些潜力提升至更高的心理紧张层级。

由此可以明显看出，以上两类症状需要不同类别的治疗方案，有时甚至可能是完全相反的方案。

治疗脑衰弱综合征必须考虑脑衰弱个体心理上的匮乏。治疗方案可以概括为三点：（一）增加收入；（二）减少开支；（三）清算债务。

第一点，增加收入。对心理力量的确切性质，人类并不了解。皮埃尔·让内从未怀疑它们具有生理学本质，他似乎还坚信过，早晚有一天，人类可以测量它们。他曾经考虑过，这些心理力量在很大程度上与大脑和身体器官的状况有关，也与各种各样的心理倾向性有关。每种心理倾向具有某种程度的心灵能量存量，而心灵能量则因每个个体的不同而不同。这些心理力量显然可以用某种方法重构和储存。皮埃尔·让内说："我不知道这些心理储备位于哪里，不过我知道它们的存在。"这种重构的主要来源之一为睡眠，因此对心理治疗师而言，重要的是教会患者，准备睡眠是最好的方法。同样的说法适用于各种各样的休息和放松技巧，例如分散安排每天的间隙、每月的休息日、按年计算的假期。

另一种心理力量的来源基于营养，这里说的并非威尔·米歇尔推崇的过量进食法，反而是高质量的日常饮食，即利用多种维生素的作用，以及其他人类并未充分认识的营养素的作用。

针对这种情况，各种兴奋剂往往没什么作用，因为它们会调动往往不充分的心理储备，造成浪费。然而，似乎某些类型的兴奋剂的确会增加心理能量。它们包括某些内分泌产品，以及对皮肤施加兴奋作用的理疗方法。[1]

---

[1] Pierre Janet. *La Force et la faiblesse psychologiques*. Paris: Maloine, 1930, pp. 127-128.

第二点，减少开支，皮埃尔·让内将其称之为心理储蓄（法语为"économies psychologiques"）。这方面，人们必须考虑到，各种心理力量在一定程度上等同于各种生理力量。因而人们必须找出生理力量所有可能的渗漏，它们有时与长期炎症、消化道疾病、眼睛疲劳有关，另外还有过剩的，过分耗能的各种活动。不过，正如莱昂哈德·舒瓦茨强调的，人们通常会从患者与社会环境以及职业工作的关系里找出这两个弱点。

医生首先应当询问关于患者接触的各种各样的人，关于患者与每个人的关系，为的是查明他们给予他的心理力量达到了什么程度，或剥夺他的心理力量的程度。最危险的是那些心理能量吸食者（或称"水蛭"），也就是说，这些人会通过他们常年的坏脾气、争吵、吃醋、霸凌等等耗尽身边的人们。有时他们的行为足够害人，正如皮埃尔·让内所说，精神病学家或许会以为自己得到授权实施一台"社会外科"手术。即是说，将不同个体分开或隔开，甚至让他们永久分离。例如，患有精神衰弱的女性不应当有孩子。如果她们有了孩子，医生们应当让她们受医疗机构或度假村之类的管护。如果是轻度症状，关于如何应对这类情况以及如何为患者进行治疗，医生为家庭成员制定一些规矩或向其提供建议已经足矣。就这种情况多说两句则更好,神经病患者自身往往是周边环境的心理能量吸食者,因而其特别需要关于用何种态度对待身边的人们的建议。最重要的目标是用这样或那样的方法就各种矛盾冲突达成解决方案。①

同样极为重要的是,关于职业工作,医生也得向患者提供建议。由于莱昂哈德·舒瓦茨医生在"心理技术学"以及"专业工作心理学"方面的认知,他详细阐释了这一要点。舒瓦茨将与心理力量和心理紧张相关的各种职业摊开在工作人员面前,向其详细询问了各种要求。令人遗憾的是,除了一份笼统的概述,他从未公开过更多发现。②他说,只要为神经病患者换个职业,抑或调整一下他们的工作计时或时长,他们即会有极大的改善。人的因素也必须考虑在内,例如与各位上级、各位同事、各位下属的关系。因而各种皮埃尔·让内学派观念必然与"产业卫生"以及"产业心理学"有很大的关联。

第三点,清算各种债务。鉴于前述各种治疗,当患者恢

---

① 顺便说一句,恩斯特·克雷奇默声称:"治疗所有神经症的当务之急是清除和完全彻底消除眼前的各种矛盾冲突。" *Psychotherapeutische Studien*. Stuttgart: Thieme, 1949, p. 198.

② Leonhard Schwartz. Berufstätigkeit und Nervosität. *Schweizerische Zeitschrift für Hygiene*, No. 4, 1929.

复了一定量的体力,即可开始从事心理债务清算。某些情况下,人们必须考虑皮埃尔·让内称之为延期付款一事:身体或情绪过度工作后,也许个体在一段时间内会表现正常,然后突然垮掉。患者在一段时间内依靠消耗潜在的心理储备过日子,且心理储备已消耗殆尽,即会发生这种事。只要意识到个体处在消耗潜能阶段,精神病学家应当能诊断出显而易见的健康外表下真实的心理枯竭,然后像治疗精神衰弱患者那样对其进行治疗。

与之相适应的还有潜意识固化观念,或创伤性回忆,以往皮埃尔·让内对这些相当重视。后来他逐渐认识到,它们无非是更为普遍的现象的一种特殊形式,也即一些尚未清算的行动。任何事件、任何冲突、任何疾病,甚至生活中的任何阶段,在某一节点必须进行清算,不然的话,发病遗存可能会持续存在,导致心理能量持续不断地损失于无形中。患者应当跟精神病学家一起完完整整地审视自己的一生,与其探讨某些事实的解析,另外还得履行某些脱离行动和清算行动的强烈愿望。皮埃尔·让内坚持认为,一些脱离行动特别重要。每当审视神经病患者们和精神病患者们的一生,看到精神疾病自身也可列入其中的各种不充分的终止情况,以及尚未清算的情况，其数量和重要性难免让人惊诧不已。①

张力低下综合征的治疗包括两种类型的治疗方案，不同病例之间的比例千差万别。第一类与病源有关；第二类致力于提升心理紧张。

首先，消除各种病源很有必要。比方说发烧自然而然会削弱患者的心理能量，在一定程度上可能会减少一些病源。在皮埃尔·让内看来，溴化物和镇静剂作用相同，因而仅能取得某种艰难付出才能得到的胜利。

一个好上加好的方法是，借助将各种焦虑转换成一些有用的和可容忍的活动为其引流。这类似于聪明的母亲的策略，她会给孩子们分配各种具体的游戏和活动，因此每个人都会专注于自己的任务，不再争吵，不再打破家的宁静。这一原则也是赫尔曼·西蒙在德国精心推出的"系统化工作心理疗法"②的基础。通过为每一位患者准确设定工作类型，肯定会带来焦虑的再吸收，西蒙成功地让精神病院的吵

---

① 个人随手写下的一条记录用在这里没准恰到好处。

一位非常睿智的患者经历了一个时期的严重的精神分裂，治愈后，他向本书作者讲述了他的患病经历，最后补充说："医生，解释清楚患者的病因前，绝不应当让患者出院。"不可否认的是，精神病院的患者出院后，住院医生肯定会"终止"该患者的病历记录。然而，多数情况下，不会有医生就患者刚刚经历的有关病痛帮助其做出"终止行为"。

② Hermann Simon. *Aktivere Krankenbehandlung in der Irrenanstalt.* Berlin and Leipzig: De Gruyter, 1929.

闹和焦虑消失了。那一时期，根本不存在生理治疗法，也几乎没有镇静剂。说到张力低下神经病患者，当年精神科医生的治疗方法唯有让他们休息，这种方法极其错误，因为它仅适用于脑衰弱患者。根据个体的心理力量，以及他们的焦虑程度，他们理应专注于积极的户外活动，比方说：远足、狩猎、各种运动，或手工作业。如同强迫性神经综合征病例一样，当病源具备了自主逻辑特征时，问题会变得更加麻烦。在这种情况下，前述那些治疗方法必须与目标为能够分解这些自主活动的其他治疗方法相结合。

其次，有必要增强心理紧张。通过提升心理紧张到足够高的层级，原发的张力低下综合征会消失，那些生发于病根的第二症状同样会消失。用皮埃尔·让内的话说，眼下心理能量的过剩部分耗干了，也即是说，用在了更高的层级。

提升心理紧张的第一种方法是刺激，患者对寻求刺激过程有一种自然的心理倾向。刺激是一种复杂的现象，结合调动了各种潜在的心理力量，提升这些力量到更高的心理紧张层级。皮埃尔·让内详细描述过各种各样的刺激，既有化学类型的（例如酒精、咖啡、士的宁），也有心理类型的（例如刺激情绪、出门旅游、改变生活、坠入爱河），患者们会自发地寻求这些刺激。不过，刺激无非是心理力量的一种替代或转移，因此是一种临时的、不经济的方法。

有一种好上加好的过程叫作"训练"，尽管它费时更长，也更加困难。它的基本原理是，通过履行一种复杂的、可达成的行为，即可获得"提升心理紧张"。经过舒瓦茨的应用和完善，这种方法包括以下四步。

一、找准患者能够完成完整行为的心理层级。

二、安排其执行和完成一项类型与之相符的任务，一开始慢慢地和仔细地做，然后加快速度，不过始终坚持做到尽善尽美，直至完成此类任务不再显得困难。

三、调配患者去做另一种类型的工作，难度要大，在一定程度上层级要高一些。

四、寻找其他各种心理投资。

这的的确确真的是所有类型的教育和再教育名副其实的原理。

皮埃尔·让内和莱昂哈德·舒瓦茨早就指出，被迫从事低于自身心理紧张层级工作的一些个体身上会出现与张力低下综合征完全类似的各种癫狂。例如移民们，他们被迫从事比自己以前的行业更差的职业，当然，失业的工人们情况更甚。

皮埃尔·让内学派的精神能量远远超越了对上述各种神经病症状的阐释。众多正常的个体和神经病患者以及精神病患者之间存在着无限的变迁。皮埃尔·让内从未精心阐述过基于各种动态心理能量观念的学科分类,不过,只要将散见于他工作中的各种观察汇总一下,创立一个新学科易如反掌。

皮埃尔·让内有时会提及一些心理上的百万富翁,即是说,那些人被赋予大量心理力量的同时合并了高层次的心理紧张。这种人有能力进行大量高度综合的行为。人们或许会想到战场上的拿破仑,他把大量已知的和猜测的敌方军力信息和调动信息综合在一起,还必须猜测、权衡,拖延较长一段时间,随后迅速作出各种决定。

皮埃尔·让内经常提及的另一种类型为这样一些人,他们容易患上心理紧张突然降低。癫痫发作恰恰是心理紧张突然垮掉,其形式为心理力量的释放,这样的个体从较低的层级慢慢升起,然后又掉回去。治疗精神衰弱的精神抑制药物发作可就没那么引人注目了。[1]发病的人的行为和感知会突

---

[1] Pierre Janet. The Psycholeptic Crises. *Boston Medical and Surgical Journal*, CLII, 1905, pp. 93-100.

然变得模糊,失去对现实的感觉,这种状况的终止既有可能很突然,也有可能是渐进的。皮埃尔·让内认为,在某些个体身上,心理紧张的振幅是螺旋形的。这些患者在完美均衡状态下可以生活相当长一段时间,然后,既有可能因为精疲力竭,也有可能因为外部事件的影响,他们的心理紧张会降低,在一定时期内维持在较低层级,这可能会让某些患者面临患上躁狂抑郁症的前景。

皮埃尔·让内还经常提及某一类型的个体,虽然其具有足够的心理力量,但其心理紧张永远都低于应当达到的层级。这一补充内容不仅包含了大量具有典型强迫症、恐怖症,以及诸如此类症状的精神衰弱患者,还让人们理解了各种各样具有精神病理障碍的患者。对刺激的需求可能会让这类个体寻求人工方式提升心理紧张。在皮埃尔·让内看来,酗酒的主要心理需求正在于此,这也能解释多种药物成瘾、性变态,以及某些形式的犯罪病例。[1]盗窃癖和精神压抑之间的关系通过一位患者的病例得到了充分诠释,她偶然通过入店行窃带来的刺激学到了释放压力的方法。[2]

---

[1] Pierre Janet. L'Alcoolisme et la dépression mentale. *Revue Internationale de Sociologie*, XXIII, 1915, pp. 476–485.

[2] Pierre Janet. La Kleptomanie et la dépression mentale. *Journal de Psychologie*, VIII, 1911, pp. 97–103.

心理能量处在低层级，数量又非常少的个体，没准会一反常态成为心理上的百万富翁。这类人在生活中有能力应对一定的调整，以适应贫穷的、拮据的生活方式。他们从事的职业也许收入很少，不过工作很安定、很稳固。他们少有熟人，没有妻子，没有情妇。皮埃尔·让内这样描述他们："人们认为他们自私、胆小。也许他们才是智慧的个体。"[①]

　　在更低的层级，还有某些精神分裂症患者，皮埃尔·让内说到他们时称其为"衰弱型痴呆"。

　　虽然皮埃尔·让内总是在谈论各种遗传因素、先天因素、器质性因素的重要性，对于心灵能量的自动活力，他也给足了篇幅。只要精神病学家理解和熟悉如何利用心理活力的规律，理所当然可以期盼实质性的精神治疗结果。说到此，心理活力的主要规律可以明确表示如后："完成的和终止的行为可以提升个体的心理紧张，未完成的和未达成的行为则相反。"皮埃尔·让内将其与金融投资对比如后：一次完美的投资会带来利润，一连串良性投资会带来不断增加的斩获和财富增长；一次失败的投资会带来损失；一连串失败

---

① Pierre Janet. *Les Médications psychologiques*. Paris: Alcan, 1919, II, pp. 97-98.

的投资的结局是各种债务和毁灭。①在数不清的个体身上自然而然发生的事恰恰如此。我们把所有中性的形式放到一边,先来看看两个极端的例子。一方面是这样一个人,由于一系列不间断的充分完成的和终止的行为,变得能够提升其心理紧张。皮埃尔·让内专门以一些害羞的个人为例进行说明,他们会做出各种努力,学习社会交往行为举止,以致他们最终克服了害羞,变得能够享受社会的各种荣光。

与此正相反的病例为,某个体的各种行为总是停留在未完成和未达成阶段,每次都会降低其心理紧张,使其更加无法做出调整,因而坠入恶性循环,其合理结局为脑衰弱-张力低下综合征,其极端表现形式为青春期精神分裂症。由于其结局是一长串不充分的行为和习惯恶化所致,这一概念与阿道夫·迈耶的精神分裂理论惊人地吻合。

皮埃尔·让内学派的这一概念或许还可以帮着解释争议颇多的工作-心理疗法机制。没有争议的是,皮埃尔·让内认为,有两种不同的工作-心理疗法。第一种疗法通过疏导各种病源进行治疗。这类疗法经某些畅销书推荐,这些书籍

---

① Pierre Janet. *Les Médications psychologiques*. Paris: Alcan, 1919, III, pp. 249–297.

Pierre Janet. *La Force et la faiblesse psychologiques*. Paris: Maloine, 1930, pp. 179–180.

的内容为各种精神病，同时还建议各位神经紧张的个体让自己忙活起来，尽可能多地培养各种兴趣和从事各种职业。①在精神病学领域，这也是赫尔曼·西蒙治疗各种精神疾病的更积极主动的疗法和发展到极致的原理。

第二种疗法为训练，这是一种相当不同的疗法，也就是给患者分派手工任务或脑力工作，要求其在相当高的自身能力层级进行操作，教会其慢慢地、完整地、尽善尽美地操作，由此渐渐提升其层级。这是经典教学原理，也是专业学校的教学原理，不过，它可以用于精神病患者们，为的是教会他们新技术、新语言。使用这种方法的效果也许不会像赫尔曼·西蒙的方法那样迅速有效，不过，长期看却更有价值。

人们难免会疑惑，在这样的理论框架内，催眠的位置又在哪里。皮埃尔·让内从未放弃催眠疗法，他将其用于治疗癔症患者。从他充满活力的新观点看，催眠是校正精神能量的方法，用于治疗那些精神能量分布失衡的患者。②

---

① M. B. Ray. *How Never to Be Tired.* Indianapolis and New York: Bobbs Merrill Co., 1938.
这本书提出的建议对张力低下神经病患者非常有用，对脑衰弱型患者却是灾难性的。

② Pierre Janet. *Les Médications psychologiques.* Paris: Alcan, 1919, III, pp. 414-417.

1886年，皮埃尔·让内就"共情"疗法的选择性特色从事过研究，1896年，他又对其更宽泛的一些特色例如梦游的影响及其引领的必须从事过研究，如今"共情"疗法这一古老的概念被放大了，变成了"接受"行为。正如皮埃尔·让内所说，就患者和指导者之间的关系而言，迟早会出现非常显著的变化，有时还出现得非常突然。患者会对治疗师表现出独特的行为，这种行为不会表现给其他任何人。患者会坚称，治疗师是非同寻常之人，患者还会说，终于找到了可以理解自己和严肃看待自己的人。在现实世界，这意味着患者如今终于能说出自己的各种感受，能严肃地讲述自己的事。患者从前对指导者不真实的印象混合了以前对所有其他各种各样的人或多或少相同的看法，眼下以一种特定的方式整合在了一起。患者的这些观点和态度如今以"接受"行为以及提升的自尊行为表示出来，使其能进行一些迄今为止从来都不可能完成的行为，这也会让治疗师能帮助患者摆脱许多困难。

　　关于皮埃尔·让内的动力心理治疗，还有更多内容可说。然而，以上介绍足以说明，它是一种灵活的和包容的方法，调整之后可以应付各种疾病和各种患者。它远不止是一种独特的心理疗法，更是一种普世的心理治疗经济体系。

第十一章

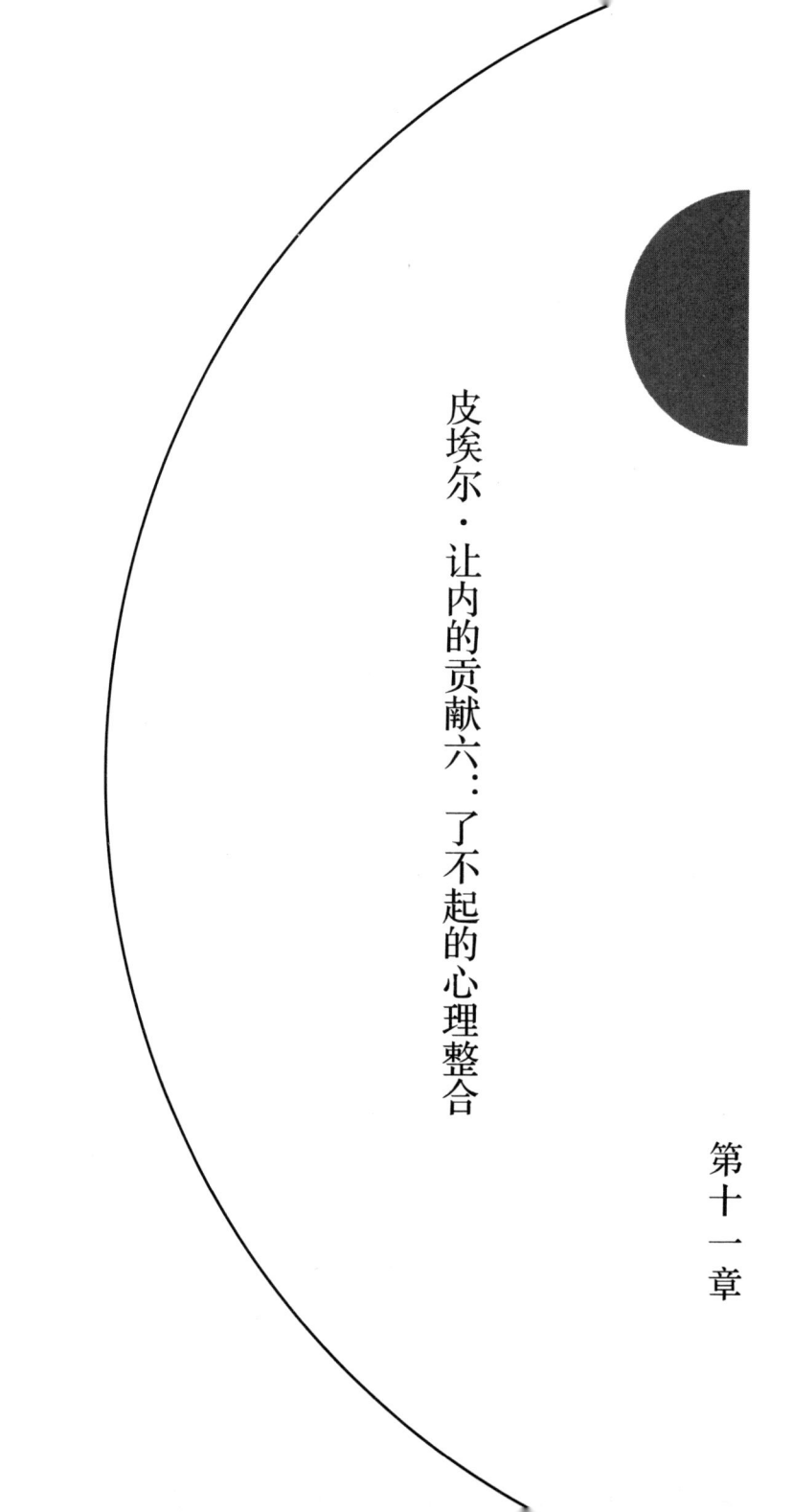

皮埃尔·让内的贡献六：了不起的心理整合

第十一章 皮埃尔·让内的贡献六：了不起的心理整合

对皮埃尔·让内来说，心理分析永远是治疗方法的第一阶段，它的第二阶段一定是心理整合。在《心理自动机制》一书里，他用有意识的头脑履行的心理整合功能明确区分了头脑里的意识和潜意识。在《强迫症和精神衰弱》一书里，他提出了一种更为复杂的将大脑功能分为5个层级的体系，以及心理紧张概念，精神衰弱可以用心理紧张度沿着这些层级降低进行解释。自1909年往后，在法兰西公学院授课期间，皮埃尔·让内提出了更加扩大和更为复杂的心理整合概念，且在1926年出版的《从极端痛苦到狂喜》[①]一书第一卷里首次对其进行了概述。皮埃尔·让内曾称，19世纪末，众多心理学家就有限的题目撰写了过多专著，造成了极大的混乱。眼下需要的是一些综合体系，以便心理学家们能够排序、分类、解析各种事实，激发他们探讨在未来引领他们替

[①] Pierre Janet. *De l'Angoisse à l'extase*. Paris: Alcan, 1926, I, pp. 210-234.

换掉前述那些体系。

皮埃尔·让内着手搭建了一个巨大的概念模型，该模型不仅基于成人心理学和精神病理学，也基于儿童心理学、人种学、动物心理学的信息。在那一参照系内，任何一种关于大脑的现象几乎都可以用某种方式说通。感知、记忆、信念、人格等等都会有新的解释，诸如幻觉和妄想等反常的临床表现同样如此。

在那一完善的体系里，皮埃尔·让内保留了从前的心理能量概念和心理紧张概念，不过，如今他聚焦于对心理倾向（与本能相比，他更喜欢这一概念；各种心理倾向都更为灵活，也更容易相互结合）的心理分析。每一种心理倾向都具有一定量的潜在的心理能量，每个个体的此种能量因人而异。一旦由适当的刺激激活，每一种心理倾向或多或少都能接近其完美境界。每一种心理倾向都会被置于心理倾向体系的某一层级上，这是理解许多精神病理学症状的关键。在那个新的参照体系内，潜意识行为如今被定义为"位于更高层级的那些行为里具有较低形态的行为"。换句话说，每当个体有意识地履行一些更高层级的行为时，无论其处于哪一层级，其行为有可能变成无意识行为。①

皮埃尔·让内了不起的心理整合是一座特别恢宏的纪念碑，它至少需要一部400页到500页的作品对其各种要素进行解析，而他从未撰写过这样的作品。②差点写出这样一部作品的作家反而是莱昂哈德·舒瓦茨，他的遗作是一部未完成的作品③（其他不说，这部作品缺失了好几章，涉及皮埃尔·让内关于幻觉和妄想概念的内容）。

本书将在下边以极简方式介绍皮埃尔·让内了不起的心理整合。我们不妨回顾一下，皮埃尔·让内曾经在自己的作品里提到，大约需要20本书外加数十篇文章才能做到这一点。

以下是对这些心理倾向逐条进行的扼要概述。9种心理倾向可分为三组。

---

① Pierre Janet. *Les Débuts de l'intelligence*. Paris: Flammarion, 1935, pp. 44-45.

② 皮埃尔·让内对此最全面的描述参见他为《法国百科全书》(*Encyclopédie Française*, VIII, 1938, pp. 08-16)撰写的词条"La psychologie de la conduite"。

③ Leonhard Schwartz. *Die dynamische Psychologie von Pierre Janet*. Basle: B. Schwabe, 1951.

I. Meyerson. Janet et la théorie des tendances. *Journal de Psychologie*, XL, 1947, pp. 5-19.

第一组，几种较低层次的心理倾向。

第一条，几种源于本能反应的心理倾向。

第二条，几种源于感知和悬停的心理倾向。

第三条，几种源于社会性个人的心理倾向。

第四条，几种源于初级智力的心理倾向。

第二组，几种中间层次的心理倾向。

第一条，几种迅即的行为和坚定的信念。

第二条，几种深思行为和信念。

第三组，几种较高层次的心理倾向。

第一条，几种理性+精力充沛的心理倾向。

第二条，几种实验性心理倾向。

第三条，几种渐进的心理倾向。

以下是对这些心理倾向逐条进行的扼要概述。

第一组第一条，几种源于本能反应的心理倾向。这些是爆发式行为，唯有刺激达到一定级别才会释放，其具备条理性形态，会根据一些外部物体或情况适时调整。有时候它们会包括一些排斥性、趋向性、分泌性、运动性节律动作。这类情况不像各种感情流露，不会出现各种心理约束，且动作一旦开始，会沿着自己的轨迹贯穿到底。精神病理学向人们指出，某些严重痴呆病例的举止符合源于本能反应的心理倾向。癫痫发作是心理倾向达到本能反应层级时短暂的退行性症状。

　　第一组第二条，几种源于感知和悬停的心理倾向。这类倾向的全面激活需要借助一种分为两步的刺激：第一次刺激唤醒了这种倾向，接着会出现一段时间悬停（等候时间段），为了使行为完整，接下来第二次刺激是必需的。有时候这种倾向比本书所说更为复杂，且包括一系列行动。与单纯爆发式倾向形成鲜明对比的是，源于感知+悬停的心理倾向一旦被外界刺激释放，就会以改变外部世界的某个东西为目标（例如野兽对猎物采取的行动），因此这种心理倾向蕴含着某种程度的调整。源于感知+悬停的心理倾向是所有形态蕴含了等待或寻找阶段的行为的出发点。它们是感知行动的基础，也是诸多目标概念的基础。感知处于第一次和第二次刺激之间。大致上说，任何物体都可以是一种感知布局（比方说，对扶手椅的感知是包含了坐到椅子上的动作的一套运动的感知布局）。身处各种物体包围中的每个人都享有一种特权条件：自己的身体，这是由于身体缺少外在性，也是由于人类对待身体保守的行为举止。

为了从精神病理学角度解释这一心理层级，皮埃尔·让内以自行车赛手为例进行说明：开赛之初，赛手满脑子都是竞争意识（社会性个人的心理倾向），不过，由于疲乏渐次增强，他对身边的观众们、身边的景色，甚至对赢得比赛的想法都变得无所谓了。他的感知范围缩窄到感知+悬停心理倾向中间阶段的形态里。再退一步，他就会睡着，并且以纯粹的条件反射方式骑行。①

第一组第三条，几种源于社会性个人的心理倾向。两组不同的行为举止之间出现了差异化，一组为对同伴的行为举止，另一组为对自身的行为举止。然而，这两列行为举止存在着互动交流和相互影响。

个体会根据同伴的各种行为调整自己的各种行为。其结果是，这类行为永远都是比例变化无常的联合行为，或者如皮埃尔·让内所说，是双重行为。这些行为计有模仿行为、协作行为、驱使行为、服从行为。就"模仿行为"而言，皮埃尔·让内认可杜尔凯姆的如后定义：对另一个人的行为的感觉似乎控制了模仿者履行自己的行为，不过模仿本身是一种"双重行为"，这不仅意味着模仿者的动作，也意味着

---

① Pierre Janet. *De l'Angoisse à l'extase*. Paris: Alcan, 1926, II, p. 262.

被模仿者的动作。自发的模仿经有意识的模仿得到了完善，孩子们在游戏过程中学会了这么做。而"协作行为"是期待相同结果会给双方都带来胜利感觉的两个同伴分担相同的行动。驱动和服从行为可以被视作一种特殊的合作行为，在这种情况下，作为整体行动的一部分，一群成员接受首领的行为，其他角色在参与者中分配。不过，同伴们如何达成各种角色的分配呢？通过竞争价值观设定，也即某人通过赋予自己特定的价值，让其他人接受这样的安排。在同一层级各种各样的其他行为里，皮埃尔·让内还分析了同情行为、竞争行为、奋斗行为、送礼行为、偷窃行为、躲避行为、显摆行为、性行为，凡此等等。

不过，个体并非仅仅根据同伴的各种行为调整自己的各种行为，他也会针对自己做出同样的调整。换句话说，他采用针对其他人的行为一模一样的方式针对自己的行为。由于其最后阶段为内心想法，这正是皮埃尔·让内称之为秘密行为的起点，也即他赋予头等重要性的行为举止。[1]孤身一人意味着不会被别人看到，不必矜持于尊重他人和为他人着想（法语为"égards"）的各种义务；它意味着行为举止的简

---

[1] Pierre Janet. *La Pensée intérieure et ses troubles*. Paris: Maloine, 1927.

化，精神能量消耗更少。

从社会心理学角度看，这一层级同样属于各种仪式。杜尔凯姆对澳大利亚人的宗教仪式做了各种研究，强调了众多参与者相互给予的刺激作用。

根据皮埃尔·让内的说法，这一层级也属于4种基本情绪。构成每个人感情生活的各种感觉若想在数量上最大化，有赖于某些社会行为举止与4种基本情绪的结合——它们是努力情绪、疲乏情绪、伤心情绪、欢乐情绪。这4种基本感觉与各种行为规范机制相匹配。作为对比，不仅存在呼吸功能和血液循环功能，还存在根据需求或实际需要增加或减少呼吸和血液循环的约束机制。同样存在的还有各种心理约束，它们增加或减少激活心理倾向所需的心理能量。学会对同伴的各种行为做出反应后，人会用同样的行为举止对待自己，由此学会对自己的作为做出反应。某些情况下，缺少这样的约束，由此患者会感觉空虚，用法文表示即为"sentiment du vide"。皮埃尔·让内将努力和疲乏这两种基本情绪比作汽车上的油门和刹车动作。强迫性神经病患者是这样一些人，他们总是去做各种夸张的和没有必要的努力，一旦努力不充分，就会出现慵懒倾向。同理，伤心情绪是对行动的恐惧，以及对反复失败的反应。反之，欢乐情绪是成功地终止的行为（胜利的反应）遗留的心理能量过剩。皮埃尔·让内将伤心情绪比作开车时将挡位换为倒挡。由此看来，欢乐情绪可以被比作几脚紧急刹车后的燃油过分消耗。不过，皮埃尔·让内关于各种情绪的理论实际上更为复杂，到了极致。例如，在他撰写的关于爱和恨的书里，就如何理解这两种感觉的诸多细微差别和含义，他都做了通透的分析。①

从精神病理学视角看，包括所有形式的低于正常说话水平的社会行为举止，皮埃尔·让内都极为感兴趣，例如痴呆患者们的行为举止。心理层级退行到源于社会性个人的心理倾向，为皮埃尔·让内研究更高层级的各种精神病理学临床表现提供了线索。评估社会价值的各种精神障碍在胆小鬼和独裁者中非常明显地分为两种方式。社会价值的缺失也会带来失败的反应。各种迫害妄想狂源于社会的以及蓄意的客观化进程。另一种类型的迫害妄想狂，即"关系妄想狂"（例如一些患者坚信，他们永远处在别人的注视下，他人总是在读他们内心的想法），皮埃尔·让内将其归于患者在能力方面的各种缺失，使其无法履行"保密行为"。

第一组第四条，几种源于初级智力的心理倾向。研究这

---

① Pierre Janet. *L'Amour et la haine*. Paris: Maloine, 1937.

一心理层级成了皮埃尔·让内最喜欢的几个主题之一，他一生最后几部作品中的两部都奉献给了这一领域。[1]这是排在语言能力之前的智力层级，也是语言能力、记忆能力、象征性思维能力、思想产出能力、解释能力的初始阶段。

根据皮埃尔·让内的说法，最基础的智力表现包括面对两个不同物体时的冲突和组合两种举动。作为例证，他分析了苹果篮的举动，这一举动包括既不属于篮子也不属于苹果的两种行为：装满篮子和掏空篮子。皮埃尔·让内还以同样的方式分析了基本工具的意义、肖像或雕像的意义、抽屉的意义、门的意义，以及大街和公共场所的意义。在这些丝丝入扣的分析中，皮埃尔·让内的每一项分析都揭示了涉及两个物体的两个行为的组合。

这也是语言能力开始的层级，它也是一种双重行为，也就是"说"和"听他人说"的组合。[2]皮埃尔·让内认为，语言源自命令和服从两种行为的转变。例如战争中的呐喊等等发声行为代替了用手势向首领比画指令。同理也可以解释

---

[1] Pierre Janet. *Les Débuts de l'intelligence*. Paris: Flammarion, 1935.
Pierre Janet. *L'Intelligence avant le langage*. Paris: Flammarion, 1936.

[2] 显然皮埃尔·让内毫不怀疑，这一语言理论早已由Heymann Steinthal确立。
Einleitung in die Psychologie der Sprachwissenschaft, 2. Aufl. Berlin: Dümmler, 1881, pp. 372-374.

记忆的起始。记忆是一种行为的转变，举例说就是可以传达给不在场的人的行为的转变（比方说，看见敌军到来，哨兵会发出警报，这就是语言的起始；如果敌人没出现的话，哨兵会向首领报告，这就是记忆的起始）。所以，"记忆是不在场的人将其变成指令前向不在场的人发出的指令"。

另一种基本的智力举止也可以解释思想产出的源泉：例如陶艺师在脑子里组合两种表达方式，即目标对象将要做出的举动，以及他自己将要执行的举动。他不断地从一个最佳角度变换到另一个最佳角度，在此过程中创造着各种合并两种看法的行为。与思想产出的源泉近似的有解释能力的源泉，因之对思想产出的其他举动渐渐变得明白起来。

这一心理层级也有一些精神病理学的含义。某些处于语言能力水平前期的智力障碍者能做出一些不成熟的智力举动。思维能力退行到那一层级的人也许会出现一些精神错乱和梦幻症状态。

第二组第一条，几种迅即的行为和坚定的信念。语言从诞生之日起就发展迅即，且延伸到了人类的每一个举动里。后来人类的每一个"肌动动作"都会有说话动作相伴，这样的发展影响深远。人类将语言与动作分离，用它对同伴说话，还用它自言自语。人类的行为举止开始被分割为身体行为和口头行为。用皮埃尔·让内的话说,到了这一步,"人类的所有行为举止变成了对身体行为和说话行为之间的各种关系进行分析"。身体行为是唯一有效的行为,也是唯一可以迅速和直接改变世界的行为,不过它很慢、很沉重、很累人。口头行为很容易、很快,也不贵,不过它无法迅速改变世界。皮埃尔·让内认为,这两种行为之间巨大的差异变成了区分身体和思想概念的出发点。

最开始,说出来的词语不过是一个动作的开始。可如今人类将说话从身体行为里解放了出来。人类开始玩弄语言。这正是皮埃尔·让内所说"与行为不一致的语言"[1]。恰如皮亚杰描述的,与行为不一致的语言可以从3岁到6岁的孩子们身上观察到,他们会同时说话,完全不顾及对方在说什么。皮埃尔·让内补充说,在一些智力障碍者身上,有时甚至在一些正常的成年人身上,同样可以看到集体独白。与行为不一致的语言相悖的行为可以用两种方式表现。第一种是认同方式,皮埃尔·让内将其视作承诺,并且认为,这是信任的起源。第二种是借助意愿表达的举止,这是一种在语言和行为之间创造密切关联的方式。

最后,人类以"内心语言"形式将语言用于自言自语。

---

[1] Pierre Janet. Le Langage inconsistent. *Theoria*, III, 1937, pp. 57–71.

这正是思想的源泉。皮埃尔·让内利用一门课的数次演讲阐述了内心想法的源泉。[①]他还把这层意思的主要特点之一称作"坚定的信念",也就是说,那种信念仅适用于感情,而非事实,因而常常自相矛盾,或荒诞不经。这层意思还有,人类只相信自己希望相信或害怕相信的事。这样的信念在孩子们当中,在低能人之中,或者在提建议过程中很常见,在许多正常的个人当中偶然可见。人类头脑里的现实世界概念,其形态正是皮埃尔·让内所说的"笃定相信的世界":正如感知行为创造各种物体,认同行为会创造各种存在;各种存在恰恰是各种物体,为物体赋予名称和信念会为其增添持久性和稳定性。

这层意思里的记忆还经历了一次与语言相同的过程。前后矛盾的记忆终究会摆脱与各种行为相一致的记忆。前后矛盾的记忆无视精确的时间定位,因而是各种传奇和各种神话的出发点。

在这一点上,个体正以大人物形象发育成长,其特征为他的各种态度和角色。而大人物无非是根据自己为自己设定的形象以及向他人展示的形象扮演的个体,由此可见他的教

[①] Pierre Janet. *La Pensée intérieure et ses troubles*. Paris: Maloine, 1927.

唆性和可塑性。他也会将一些角色授予他人。

从精神病理学视角看，这不仅是与行为不一致的语言和记忆的层级，也是教唆（教唆是一种前后矛盾的信念）和闲聊的层级。皮埃尔·让内在闲聊和撒谎之间做了明确划分。论及后者，他说，个体明确知道自己在撒谎，只不过坚定的信念这一层级低于更为复杂的撒谎行为层级。

第二组第二条，几种深思行为和信念。在皮埃尔·让内看来，深思来自个体和一些同伴之间的讨论。这里说的深思以内心辩论的形式内在化了，这一过程可以被分为好几个阶段。首先出现的是怀疑阶段，这是对肯定的中止，然后出现的是思考阶段，这是各种倾向和各种论据之间的争论，再然后出现的是结论阶段，一种做决定的行为。各种倾向的争论被称作深思熟虑，它结束时要么会出现一种意愿，要么是一种信念。各种深思行为和信念还达不到逻辑层级。不管怎么说，它们意味着对某一外在物体以及对自身条理性的认知。

到了这一阶段，人类头脑里呈现的世界，其形式为深思熟虑的信念世界（皮埃尔·让内将其用法文称作"le réel réfléchi"，即深思熟虑的"本真"），其中不仅有各种存在，还有各种物体和精神。恰在此时，皮埃尔·让内提出了全新的概念"本真"，这比他在1903年提出的概念复杂得多。这是他在教学中讲授的与各种幻觉和各种妄想理论联系最密切的部分。皮埃尔·让内说，有意识的现实是一种复杂的结构，其中三个层级的现实相互影响，它们分别是：完整的本真（réel complet），近乎完整的本真（presque réel），半本真（demi-réel）。

完整的本真是信念的果实，必定会有如后一种可能性：一次迅即的行动，或一种难以确定的永恒。它包含各种物体和各种精神。每个物体都是一种持续的现实，关于它，人类肯定会想到，它有个位置，有个形态，有可感知的特性——它是明显的，且不具备目的性。每一种精神都是无形的现实，它有别于能说会道的个体，有别于其他精神，而且被赋予了意向性。这两种有明显区别的现实（物体和精神）可以在人类身上实现广泛的统一，其自身也可以实现特定的统一。

近乎完整的本真与期盼行为和自说自话行为有关，在某种程度上相当于皮埃尔·让内此前说的"现时化"。它包含的概念计有：即时的当下、人们刚刚想到而且眼下正在从事的活动，以及自说自话，还包含感知世界，它正好约束了人们眼下从事的各种活动。

半本真包括现实的几个外缘，按照由高到低的临近关系排列如后：对最近的将来的感知、对最近的过去的感知、对理想的感知、对遥远的未来的感知、对想象的感知，最后还有抽象的想法。

在正常情况下，现实世界和人类对它的感知肯定是平衡的。一旦患上精神疾病，两者会发生失衡，要么是超现实（即过分现实）形态，比方说，不久前的过去发生的事被赋予一种毋庸置疑发生在当下的感觉，或者是"欠现实"形态，比方说，丧失了真实的感知，无法感觉到现实中的各种物体，例如患者报告说，不再像同伴那样对各种相同的事件和物体具有与之相符的概念。在这些概念里，皮埃尔·让内找到了理解各种妄想的关键，他用好几篇精心撰写的论文揭示这一点。

同一层级也属于前后一致的记忆和有意识的意愿的行为，以及以"深思熟虑的自我"（法语为"moi réfléchi, égo"）形态成长起来的个体。与法文所说个性人物相比，"有意识的自我"暗含人格的世俗结构，以及集大成的人生。

从精神病理学视角看，这一层级尤为重要。一些个体抱怨失去了对现实世界的感知，同时生出了对本真孜孜不倦的追求，他们身上明显可见向那一层级的退行，以及形成深思熟虑的信念过程中的障碍。这一层级也属于各种意志障碍，例如意志力丧失，以及此前提到的说谎癖。一些个体绝不超越深思熟虑的行为和信念，他们都展现出以下特征：例如热情、利己、懒惰、说谎。

第三组第一条，几种理性+精力充沛的心理倾向。理性+精力充沛的心理倾向是第一批高等心理倾向。此类倾向多了一种新功能，即工作倾向。各种动物里不存在工作倾向，"牛的劳作不是真正意义上的工作"。原始人里几乎也不存在工作。在某些类型的文明个体身上，工作也会消失，例如罪犯们和娼妓们，许多神经病患者和精神病患者亦如是。

工作意味着独特的心理力量分配。心理力量不仅来自层次较低的心理倾向，也来自一些特殊的心理储备。这意味着，相应层级的个体即使从中得不到满足，也会执行各种决定和承诺。康德表达这层意思时用了哲学用语，其概念为"绝对命令"。皮埃尔·让内补充说："每个人的价值可以用其完成复杂任务（法语为'corvées'）的能力衡量。"[1] 义务是许多复杂任务里的一种，能力出众的人可以将其承揽到自己身上。属于这一层级的还有自愿行为、积极性、毅力、耐心，也就是忍受等待、无聊、疲劳的能力。属于这一

---

[1] Pierre Janet. *De l'Angoisse à l'extase*. Paris: Alcan, 1926, I, p. 229.

层级的还有真理概念。真理意味着个体对永恒现实的信念，其延伸超越了人类当下的认知领域。根据皮埃尔·让内的说法，属于这一层级的还有逻辑准则。从前只有各种抽象概念，只有人类为自己设置的各种行为准则。进一步说，属于这一层级的还有教学行为，将教学过程全面展开，可覆盖整个人类文化。在这一层级，人的个性进一步发展，从自我意识发展到了个人意识。自我意识和个人意识的区别为，个人意识蕴含着各种行为的连贯性和人生的一统性。

虽然理性+精力充沛的心理倾向属于几个更高的心理层级，它们并未完全摆脱精神病理学的影响。心理状态停留在那一层级的个人有变成不切实际的人和迂夫子的风险，也即成为教条的和迂腐的个体，其判断力总是基于各种理论体系和僵化的原理，而非亲身体验。

第三组第二条，几种实验性心理倾向。与理性+精力充沛心理层级不同，实验性行为更看重实际体验，更尊重事实。因而这样的行为是科学的出发点。可能性概念也替代了绝对的感觉。自然本身如今也被看作一个自然规律体系。任何人都会认为，必须"核查每一个装置和他人对它的描述"，以及按照实际成功与否评价每一个体系。这些心理倾向也包括道德家们称之为品行高尚的行为，其中有谦逊、品格的坚定性、对客观真理的认可。

第三组第三条，几种渐进的心理倾向。皮埃尔·让内所说"渐进的心理倾向"指的是个体发展到了最高境界，以及纯自我的行为举止。一旦到达这一层级，人就会实现自己独特的个性，不过，他也会认可每一位同人都具有最丰富的个性，与他们建立精神上的紧密关系。追求个性还延伸到了对各种事情的追求，尤其是对具有历史意义的一些事件。皮埃尔·让内在这方面做出了他最喜欢的推测之一，他用含蓄的说法表达如后："像植物在空间里生长，人类在时间里生长。"这意味着，即使仅仅将人类当作一种生物体，其进化也是敞开胸怀面向未来的。就此而论，皮埃尔·让内似乎与柏格森在其撰写的《创造进化论》一书里表达的某些想法一致。①他总结说："进化尚未完成，因而人类的行为过去是，未来也必将是奇迹的源泉。"

---

① Henri Bergson. *L'Évolution créatice*. Paris: Alcan, 1907.
Gardner Murphy. *Human Potentialities*. New York: Basic Books, 1958.

第十二章

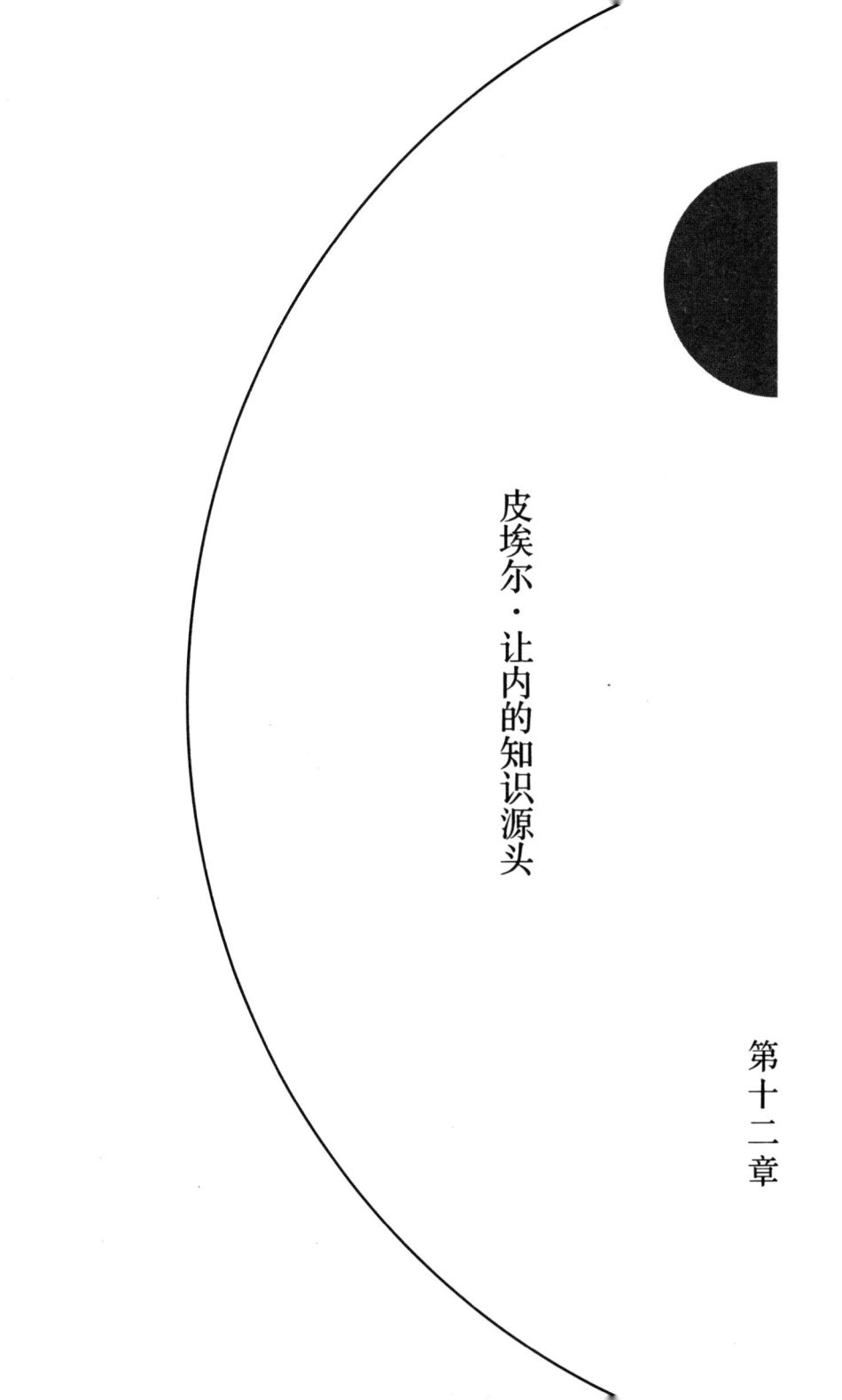

皮埃尔·让内的知识源头

第十二章 皮埃尔·让内的知识源头

每一位有创造力的思想家的第一个以及最直接的知识源头都是自己的人格。虽然皮埃尔·让内总是小心翼翼地避免谈论自己,他还是给后人留下了少数提示,让后人得以解读他某些方面的作为。在《心理自动机制》一书里,皮埃尔·让内偶然提到,他的人格属于"运动释放型",见以下内容:

> 醒着的时候,我总是在大声说话时或写作时才想事情,我的思想总是摆出一种半被缚的姿态。长期以来我总会看到,每到夜间,情况就会反转,我总会保持最绝对的不动状态。我只是旁观者,不再是演员。各种形象和各种声音充满了舞台,一个个场景在我眼前掠过。我看见自己在表演,听见自己在说话(虽然极其偶然)。对自己的不动状态和无力状态,我总会有一种模糊的感觉。准确说,由于各种梦境和清醒状态下出现的想法差

异巨大，我发现很难记住那些做过的梦。①

在同一本书的其他章节里，皮埃尔·让内发了一通稀奇的偏离主题的议论，他认为，坠入爱河现象是一种病，这种事不会发生在健康的个人身上。②皮埃尔·让内提供了一条线索，足以解释他思考问题的大方向。显然他属于好动的、不诉诸感情的个体类型。所有认识他的人都强调他巨大的活动热情，以及他的沉稳冷静。不足为奇的是，有人引导皮埃尔·让内围绕人类活动概念详述其心理学理论。他认为，各种感情在一定程度上都是一种针对人类行为的令人头疼的紊乱，或者说是对人类行为的各种规范。难怪让·德莱将皮埃尔·让内称作"效率心理学家"。

他15岁时有一个时期处于抑郁和精神衰弱中，后者在他的成年岁月里并不十分明显，仅在他的晚年生活中有所表现。也许有人认为，在一定程度上，他对精神衰弱的精辟分析源自他的自我观察。他17岁时产生了信仰危机。在他的一生中，这毫无疑问也是决定性事件。若不是因为青年时期失

---

① Pierre Janet. *L'Automatisme psychologique*. Paris: Alcan, 1889, pp. 118-119.

② Pierre Janet. *L'Automatisme psychologique*. Paris: Alcan, 1889, pp. 466-467.

去信仰，使他持续处于焦虑中，他就不会如此执着于跟踪玛德琳的病例。

保罗叔叔的思想是他的思想的主要源泉之一。保罗·让内是唯心主义哲学学派的代表，这一学派的信条可以总结为：相信基于直接证实意识的人类自由——一种基于以绝对的善为原则的道德，相信绝对的义务——这种义务将人类自由和绝对的善联系在了一起，将其作为贯彻始终的手段。保罗·让内在其撰写的许多作品里不厌其烦地详述其哲学思想。按照富耶理的说法，这些作品的主要优点是拥有不计其数的辅助问题、范例、论据①。虽然皮埃尔·让内深受当年风靡一时的实证主义精神的影响，他坚持与叔叔鼓吹的唯心主义精神面貌保持距离，此外他还从哲学心理学转向了科学心理学。保罗·让内思想的长期影响可以从他侄子的作品里识别出来。保罗·让内以"道德"名义不厌其烦地详述的许多想法都被皮埃尔·让内揉进了他的心理倾向体系——"理性+精力充沛的行为""实验性的行为""进步的行为"。对皮埃尔·让内影响更大的个人为让·马·居约，他是

---

① Alfred Fouillée. *Critique des systèmes de morale contemporaine*, 4th ed. Paris: Alcan, 1883, pp. 281–317.

《无信仰的未来》[1]一书的作者,这本书极大地影响了皮埃尔·让内那一代的法国文化青年。居约的世界观让他诚如一个笃信宗教却与任何公认的宗教毫无瓜葛之人,他本人既不接受任何宗教信条,也不接受无神论。

皮埃尔·让内在巴黎高等师范学院学习期间,以及执教那些年,哪些哲学家成了他专门研究的对象,如今人们不得而知。似乎他对广义的哲学史已有相当全面的认知。[2]他最经常引述的一些哲学家包括弗朗西斯·培根、马勒伯朗士、孔狄亚克、曼恩·德·比朗。曼恩·德·比朗既是皮埃尔·让内心理学的直接来源,也是其间接来源。18世纪,一种盛极一时的理论为,感觉是基本物质,由此诞生了人类思维完整的生命周期。1750年前后,出现了一些经外科手术得以视物的盲人,哲学家们对此变得兴趣盎然。他们开始猜测视觉的作用,以及心理生活中每一种有别于其他类型的感官知觉。恰在彼时,孔狄亚克(1715—1780年)出版了名噪一时的《感觉论》(1754年),在这本书里,作者想象出一尊塑像的神话,塑像的身体构造是人类的,不过它缺少精神

---

[1] Jean-Marie Guyau. *L'Irréligion de l'avenir. Étude Sociologique.* Paris: Alcan, 1887.

[2] Pierre Janet, Henri Pieron, & Charles Lalo. *Manuel du Baccalauréat.* Paris: Vuibert, 1925.

生活，还被赋予了感觉。孔狄亚克推测，这尊塑像会变得有生命，从各种感觉到形象、想法、思想、判断，以及对科学的详细阐述。曼恩·德·比朗（1766—1824年）详细阐述了一种全新的人类思维理论构成，其最基本的事实是努力。①意识是努力的统觉。笛卡儿的信条"我想，故而有我"最终取代了"我思，故而有我"。自发的努力创造意识，把感觉提升成认识，直至更高级的思维活动，还配套了如后一些概念：力量、因果、统一、身份、自由。在有意识的努力即恰当的人类生活之下，还存在着动物的生活——一种持续存在于意识之下，以睡眠和梦游为特征的生活，即习性、各种基本情绪、各种本能的范畴。在生命的晚期，曼恩·德·比朗开始断言，在自发的努力即恰当的人类生活之上，还存在第三种精神生活。

曼恩·德·比朗对皮埃尔·让内的心理学的影响既是直接的——请注意，皮埃尔·让内读过他的一些作品，又是间接的，这是因为曼恩·德·比朗对19世纪中叶法国精神病

---

① Paul Janet. *Les Maîtres de la pensée moderne*. Paris: Calmann Levy, 1888, pp. 363-403.

André Cresson. *Maine de Biran, sa vie, son oeuvre*. Paris: Presses Universitaires de France, 1950.

另见纪念曼恩·德·比朗的 *Bulletin de la Société Française de Philosophie* 专刊, Vol. XXIV（1924）。

医生们有巨大的影响。亨利·德拉克洛瓦早就明确说过，贝亚尔惹和莫罗·德图尔的理论概念全都来自曼恩·德·比朗的教诲。①谈及各种幻觉理论，贝亚尔惹声称，当记忆和想象自主脱离有意识的人格时，就会出现各种幻觉和妄想。莫罗·德图尔的废止（如今的用语为退行）理论更为系统地表达了相同的想法："幻觉和妄想是通过逐渐削弱自由意志，削弱人类凝聚和调和各种想法的力量产生的。"出于这一原因，莫罗·德图尔认为，梦境是认识精神疾病的关键。皮埃尔·让内经常提到"莫罗·德图尔关于精神生活的基本规律"。

　　在众多心理学家里，皮埃尔·让内心目中的大师毫无疑问是泰奥迪尔·里博，他对里博心怀最深的个人尊重和爱慕。然而，在那一时期的德国，在冯特的影响下，作为测量各种心理因素的实验心理学得到了发展，以丹纳和里博为首的法国学派却更喜欢精神病理学。里博从克劳德·伯纳德那里继承了如后理念：疾病是大自然构建的一种体验，他把这一理念应用到了心理学领域。为研究记忆、意愿、人格的正常功能，里博调研了这些功能的病态，就每一个课题出了本

---

① Henri Delacroix. Maine de Biran et l'École médico-psychologique. *Bulletin de la Société Française de Philosophie*, XXIV, 1924, pp. 51–63.

专著。然而，由于里博本人不是心理学家，他必须依靠心理学家提供文字材料，反过来说，为直接从事各种临床研究，皮埃尔·让内拿下了医学学位。里博还把杰克逊的进化和消亡原理，以及神经性疾病的阳性和阴性症状等引入了法国。里博还把这一原理应用到了记忆（至今老年健忘症一直被称作"里博定律"，即各种近期记忆总会先于远期记忆消失）和意愿（里博说，在意愿性疾病里，各种自愿的行为总会先于自动的行为消失，这也是皮埃尔·让内精神衰弱理论的来源）精神病理学当中。

从临床观点看，人们通常把皮埃尔·让内看作沙可的门徒，人们通常会忽略以下事实：1899年前往萨尔佩特里耶医院以前，皮埃尔·让内在勒阿弗尔的医院里已有6年或7年临床实践，跟吉贝尔医生和波维列维奇医生诊治神经症和精神疾病，因而他到萨尔佩特里耶医院时并非学生，而是一位经验丰富的合作者。在萨尔佩特里耶医院期间，大部分时间段，他都在塞格拉斯医生和法雷特医生的诊室里，学会了诊治精神病患者。

皮埃尔·让内的成就还有赖于另一个必不可少的资源，即早期精神医学。我们不妨回顾一下，在勒阿弗尔期间，皮埃尔·让内发现了佩里耶医生的成果，以及卡昂的一小群磁疗师，随后他全面探索了由下述一些人调研过的被遗忘的知识的世界，例如皮塞居尔、德勒兹、贝特兰德、诺瓦泽、泰斯特、高蒂耶、沙皮农、两位德斯潘、杜波特，还有一长串其他先驱人物，皮埃尔·让内总会不失时机地提及他们的诸多贡献和发现。

皮埃尔·让内关于心理能量的一些理论与乔治·彼尔德和米歇尔，尤其是威廉·詹姆斯等人提出的一些理念大同小异。威廉·詹姆斯的论文《人的心理能量》涉及人类的心理能量预算、心理激励频率，以及调动心理能量的各种方法等问题。[1]论及各种心理动力的发生因素时，威廉·詹姆斯提到了努力、祈祷、改变宗教信仰。皮埃尔·让内喜欢的心理紧张概念即是从这里破土发芽的。

后来皮埃尔·让内关于心理倾向体系的一些理论，以及扩大的行为主义，在很大程度上无疑受了乔赛亚·罗伊斯和詹姆斯·马克·鲍德温研究成果的启发。乔赛亚·罗伊斯极力主张"'自我'和'非自我'之间的区别主要取决于社会根基"。他补充说，人类经验主义的自我意识有赖于一系列对比效应，它的心理根源存在于社会生活中。孩子的"自

---

[1] William James. *Memories and Studies*. New York and London: Longmans Green & Co., 1911, pp. 229–264.

我"通过模仿他人发育和成形。"那么,论及根源,与社会经历相比,经验主义的自我只能排在第二位。在真实的社会生活中,人们总是用'自我'对比'改变的自我'。"他还说,孩子理想化(也即内在化)自己的各种社会关系,导致"自我"和"改变的自我"之间的对比足以在以下几个方面精炼化为有意识的对比:在现时的自我和过去的自我之间,在高阶的自我和低阶的自我之间,在我的良知和我的心理冲动之间。每时每刻实实在在发生在我身上的深思熟虑的生活是一种抽象,也是我完整的社会生活的缩影。[1]罗伊斯还总结出这些理论的一些精神病理学含义。[2]社会的自我有自己的弊端,可以变得压抑、高尚、受骗。起疑心、受迫害、被吹捧等妄想都是自我意识在社会层面的病理变化,这在各种正常状态下意味着一个清楚自己的社会地位、尊严、在世界上的位置和角色的个人。

鲍德温的一些理论与罗伊斯的一些理论类似,只不过前者更强调成长中的遗传因素。鲍德温将自我和自我以外之

---

[1] Josiah Royce. *The World and the Individual*. New York: Macmillan, 1901, pp. 245-266.

[2] Josiah Royce. *Studies of Good and Evil*. New York: Appleton, 1898, pp. 169-197.

人的"人之初"分为三个阶段。①第一阶段内含多维观察阶段,在拥有独立意识之前的这一阶段,婴儿会"观测"自己面前的其他个人,换句话说就是,理解自己面前的其他个人。第七个月是客观阶段,在这一阶段,模仿会让孩子"从体会他人究竟是什么变成理解自己究竟是什么"。接下来是"外放"阶段,在这一阶段,孩子会倒置过程。这意味着投身于"全面认识我究竟是什么倒退回全面理解他人究竟是什么"。这也意味着"自我"和"改变的自我"诞生于同一时刻。"我对自己的意识通过模仿他人成长起来,而我对他人的意识会根据我对自己的意识成长。因而'自我'和'改变的自我'本质上双双都具有社会性。各方都是同伴,且各方都是模仿的造物。"

皮埃尔·让内从不隐瞒如后事实:在了不起的心理整合理论中,他广泛使用的许多想法受了罗伊斯和鲍德温的启发。甚至他特别喜欢用的"同伴"一词都直接来自鲍德温。

德国心理学对皮埃尔·让内的成就的影响不易查明。虽然皮埃尔·让内没有直接阅读过德国心理学家们的文字,他通过里博和其他来源了解到了他们。尤其值得商榷的是赫尔

---

① James Mark Baldwin. *Mental Development in the Child and the Race, Methods and Processes*. New York: Macmillan, 1895, pp. 334-338.

巴特的心理学对他的影响。皮埃尔·让内最喜欢用的概念之一为"意识域的窄化",在他之前,这一概念在法国心理学家里尚不为人知,而这一概念毋庸置疑可以追溯到赫尔巴特身上。根据赫尔巴特的理论,心理压抑和意识域的窄化是一种现象的两个方面。由于意识域过窄,数量有限的临床表现会同时冒出来,所以引发了较强的和较弱的临床表现之间争斗,受较强的临床表现打压,较弱的临床表现就成了压抑。①

追溯皮埃尔·让内的知识来自哪些同龄人已经不可能。正如此前提到的,就柏格森、杜尔凯姆、宾尼特而言,更有可能的情况是,双方互相影响,这种影响常常通过交谈和人际交流实现,而非撰写的文字。

我们面临的另一个问题是,将皮埃尔·让内的一些理论与某些外国同代人的一些理论放在一起比较,会出现一些相似性。伏·德拉博维奇曾经指出过皮埃尔·让内和巴甫洛夫"一些学说的交汇"②。两人均声称心理力量和心理能量在精神活动中的重要性,不过巴甫洛夫是用生理学词语表示,而皮埃尔·让内用的却是心理学词语。根据德拉博维奇

---

① Straszewski. Herbart, sa vie et sa philosophie. *Revue Philosophique*, VII, 1879, I, pp. 504-526, pp. 645-673.

② W. Drabovitch. *Fragilité de la liberté et séduction des dictatures. Essai de psychologie sociale*. Paris: Mercure de France, 1934.

的说法,皮埃尔·让内的心理紧张、"心理疏导"、心理暗示等概念,以及催眠,全都类似于巴甫洛夫的一些概念。而巴甫洛夫不定什么时候也会对皮埃尔·让内的一些理论评头论足。[1]

克里斯也指出过皮埃尔·让内的一些理论和麦克道格的一些理论类似。[2]两人都在心理倾向基础上叙说人格的成长和建设过程。然而,麦克道格从未进行过如此详细的勾画,也没划定过心理倾向体系的范围。他说得更多的是各种心理倾向之间的竞争和斗争,还强调神经系统的综合进程。反观皮埃尔·让内,他更注重临床经验。

拿皮埃尔·让内后期推出的一些理论与乔治·赫伯特·米德的教学内容进行类比,结果让人相当震惊。米德的体系[3]也是社会行为主义,它以个体的社会活动,以及数位个体围绕相同的社会目标进行合作为出发点。根据米德的说法,意识是其他人的行为的内在化,而推理是数位个

---

[1] Ivan Pavlov. Lettre ouverte à Janet, Les sentiments d'emprise et la phase ultraparadoxale. *Journal de Psychologie*, XXX, 1933, pp. 849–854.

[2] Felicitas Kerris. *Integration and Desintegration der Persönlichkeit bei Janet und McDougall, Phil. Diss.* Bonn-Würzburg: Richard Mayr, 1938.

[3] G. H. Mead. *Mind, Self and Society*. Chicago: University of Chicago Press, 1934.

体之间的讨论象征性的内在化。[1]米德还认为，情绪是人类有机体对自身的各种态度做出的反应。在他看来，感知是心理冲动进化到心理控制的中间阶段（类似于皮埃尔·让内的"悬停+感知"行为）。米德将有意识的人格划分为主动的我、被动的我、自我，这与皮埃尔·让内用法文"individu""personnage""moi"表示的意思分毫不差。被动的我和皮埃尔·让内使用的法文"personnage"意思相同，意指一系列内在化的心理角色。我们还可以引用更多相似的例子，这不可避免带来一个问题：究竟是米德影响了皮埃尔·让内，还是皮埃尔·让内影响了米德？由于如下事实，这一问题变得特别难以解答，米德的许多作品在他1934年去世后甚至更晚才得以出版，尽管书中的内容早在他有生之年即以碎片化方式分散刊登在欧洲难以寻获的杂志文章里。另一方面，皮埃尔·让内后来成型的体系早在1926年出版的《从极端痛苦到狂喜》一书里即已首次作出重大披露，其实早在那之前15年，在法兰西公学院授课期间，他已经讲授过那些理论。没有证据表明皮埃尔·让内和米德曾见

---

[1] David Victoroff, G. H. Mead. *sociologue et philosophe*. Paris: Presses Universitaires de France, 1953, pp. 62-63.
维克托若夫认为，米德和让内的"深思的想法"完全相同，表达时使用的词语几乎也相同。

过面。一个可能的解释为，两人都从乔赛亚·罗伊斯和詹姆斯·马克·鲍德温的一些作品里发现了一些相同的概念，随后分别对其进行了开发和完善。

第十三章

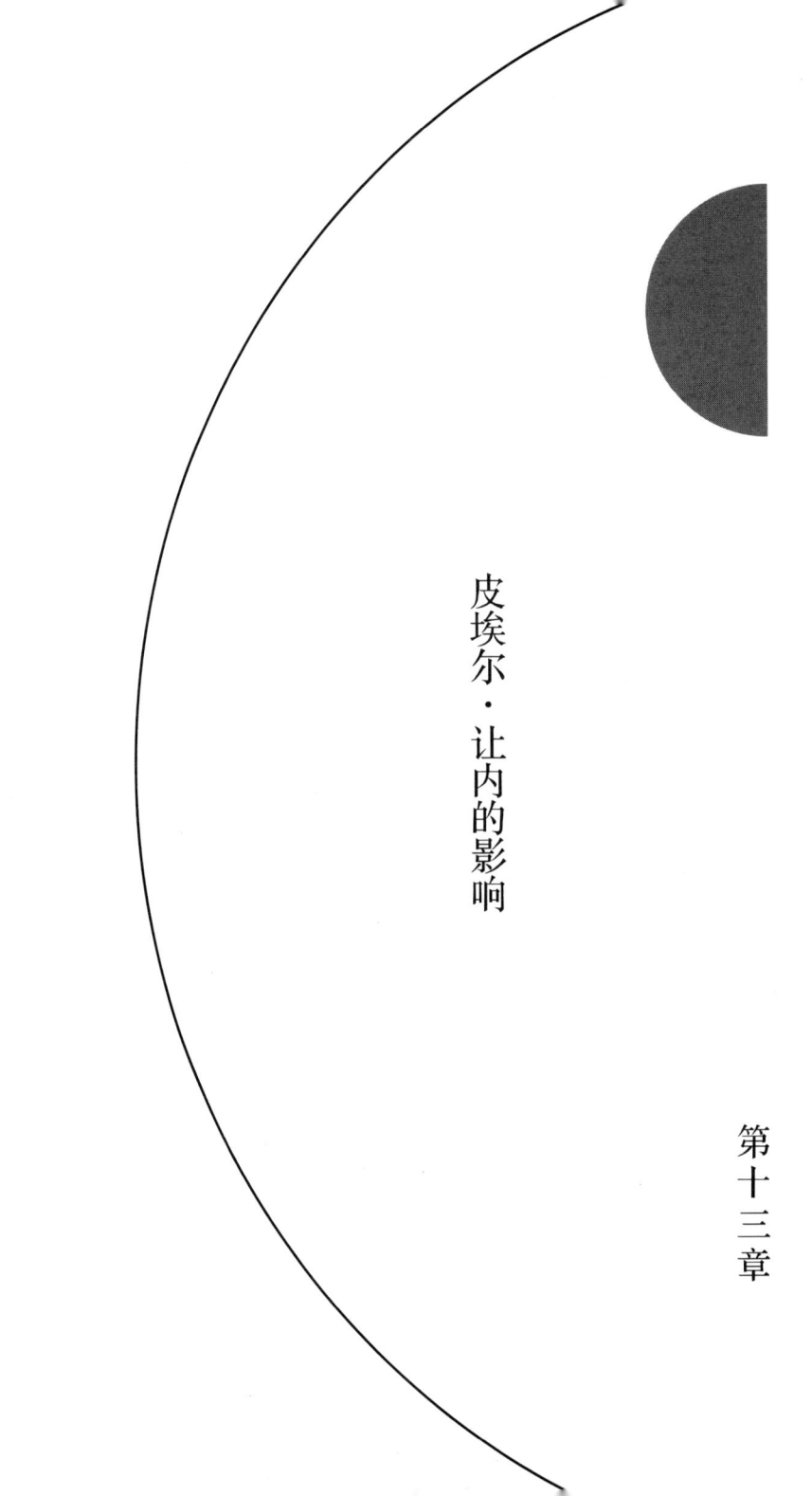

皮埃尔·让内的影响

第十三章 皮埃尔·让内的影响

皮埃尔·让内站在了所有当代精神医学的门槛上。他的那些理念已经广为人知，而它们真正的出处却常常不为人知，还常常归功到他人头上。例如，极少有人意识到，"潜意识"一词正是出自皮埃尔·让内之手。

布鲁勒的精神分裂概念包含的一些主要症状为社会交往中的心理紧张度降低，而一些次要症状则源于主要症状，在很大程度上，这正是皮埃尔·让内的心理紧张度降低导致精神衰弱概念的翻版。布鲁勒亲自说过，"自闭症"一词主要是以正向表示的，而皮埃尔·让内以负向表示时将其称作"丧失了对真实世界的感知"。[①]

荣格总是把皮埃尔·让内的名字挂在嘴边（1902年到1903年冬季学期，他在巴黎多次坐进皮埃尔·让内的课堂）。荣格认为，人类思维包含一些第二人格（即皮埃

---

① Eugen Bleuler. *Dementia Praecox oder Gruppe der Schizophrenien* (1911) in Aschaffenburg. *Handbuch der Psychiatrie*, Spezieller Teil, 4. Abt., 1. Hülfte, p. 52.

尔·让内所说的"同时出现多种心理存在"），从这种思路即可看出《心理自动机制》一书对他的影响。荣格所谓的"情结"最初几乎等同于皮埃尔·让内说的"潜意识固化观念"。皮埃尔·让内的研究成果同样对阿德勒的个体心理学产生了极大影响。阿德勒承认，他对自卑感的研究成果建立在皮埃尔·让内对不满足感的观察之上发展而来。①

皮埃尔·让内对弗洛伊德的影响是个有争议的问题，本书将在另一章里正式讨论它，在此蜻蜓点水几笔带过已经足矣。布洛伊尔和弗洛伊德在两人合著的最初的报告（1893年）以及《癔症研究》（1895年）里都提到了皮埃尔·让内的成就。1886年到1893年间，皮埃尔·让内出版了下述人等的病历史：露茜（1886年）、玛丽（1889年）、玛塞尔（1891年）、丁女士（1892年）、阿齐里斯（1893年），以及其他几本篇幅稍短病历史，这些著作内含如后一些范例：癔症患者通过潜意识固化观念回归正常意识，通过克服困难得到治愈。琼斯（Jones）早年出版的几部作品之一②详细分析了弗洛伊德的"精神移位"概念和皮埃尔·让内的"梦游

---

① Alfred Adler. *Ueber den nervösen Charakter*. Wiesbaden: J. F. Bergmann, 1912, p. 3.

② Ernest Jones. The Action of Suggestion in Psychotherapy. *Journal of Abnormal Psychology*, V, 1911, pp. 217-254.

的影响及其节制的必需"概念,两者几乎如出一辙。

在《精神生活双重原则之构想》一书里定义"现实的原则"时,弗洛伊德提到了皮埃尔·让内的"真实的功能"。皮埃尔·让内后来阐述"有倾向的心理学"和"人格建设"理论时,将心理整合功能扩大化了,这些都早于弗洛伊德的精神分析从潜意识心理学向自我心理学的转换。

皮埃尔·让内对法国精神病学以及三位当代主要领袖人物的影响也不容小觑,此三人为亨利·巴鲁克、亨利·艾伊、让·德莱。在皮埃尔·让内所在的百年里,亨利·巴鲁克高度赞誉说,正是皮埃尔·让内为当代精神生理学的发展奠定了临床基础,他另外还宣称,皮埃尔·让内的研究成果必将在未来对神经生理学的各种新发现取得进展起到引领作用。①亨利·艾伊的"器官动力心理学"以及"意识状态的构成"理论在很大程度上是从皮埃尔·让内的思想演进而来。②让·德莱坚信,当代神经生理学领域的一些新发现证实了皮埃尔·让内的心理紧张概念。皮埃尔·让内的"精神警觉功能"以及现时化在"间脑"的某些部位的确能引起酶

---

① *Revue Philosophique*, CL, 1960, pp. 283-288.
② Henri Ey. La Psychopathologie de Pierre Janet et la conception dynamique de la psychiatrie. *Mélanges offerts à Monsieur Pierre Janet*. Paris: d'Artrey, 1939, pp. 87-100.

化反应。让·德莱还补充说，精神病药理学的确证实了皮埃尔·让内的某些理念。让·德莱将精神药物分类为"精神抑制药""精神兴奋药""精神致幻药"①，正是基于让内学派的一些概念的分类法。

声誉和遗忘在科学家群体里的分配方式竟然如此不公，皮埃尔·让内的经历就是经典范例。1900年前后，他的同代人都有如下印象，不久后他必将成为一个伟大学派的奠基人。然而，除了在工作成果方面不断取得进展，他似乎渐渐脱离普遍思潮旁落了。许多精神病学家和心理学家以及有教养的公众仍然把他看作《心理自动机制》一书的作者，以及准确无误地描述强迫性神经症的临床医生，仅此而已。相对而言，似乎很少有人注意到，当时他正在创建一种尺度和范围巨大的心理整合体系。

就此而言，皮埃尔·让内为何受到遗忘女神莱斯摩叙涅的偏爱，而非记忆女神谟涅摩叙涅的喜爱，推测关于此事的一些原因相当吸引人。从皮埃尔·让内的一些敌人，以及他自身，还有那个时代的精神起伏中，没准会找到一些解释。

皮埃尔·让内在职业生涯中至少遭遇过三次强劲的抵

---

① Jean Delay. Pierre Janet et la tension psychologique. *Psychologie Française*, V, 1960, pp. 93-110.

触,或者说不可调和的敌意。第一次是在沙可离世后。在本书其他章节,我们已经介绍过,对沙可有关癔症和催眠的学说,强烈的反对声当时已经兴起。虽然当时人们对金属疗法和"移位"有各种不计后果的猜测,皮埃尔·让内已经在尽力避免成为附庸,尽管如此,仅仅因为他是萨尔佩特里耶医院唯一使用催眠疗法且坚信癔症不是一种凭空的捏造,人们仍然将他与沙可的学说挂了钩。反对沙可的反应甚至走向了极端,以致在法国神经学家们当中兴起了顽固的唯器官论,以及反心理学精神。比方说,巴彬斯基和德热里纳等人对皮埃尔·让内采取了公开的敌视态度,最终成功遏止了他在萨尔佩特里耶医院的影响。南锡学派对皮埃尔·让内的打压也毫不逊色,与南锡学派相反,皮埃尔·让内坚持认为,催眠和心理暗示区别明显。随着《从极端痛苦到狂喜》一书的出版,一些天主教神学家和非神职人员掀起了对皮埃尔·让内的第二波打击。然而,各种最凶猛的打击来自一些精神分析学家。弗洛伊德不情愿地认可过皮埃尔·让内在1893年到1895年间先于他从事的研究,尽管如此,他对皮埃尔·让内的批判变得越来越严厉。在1913年伦敦大会上,皮埃尔·让内就精神分析提交了报告,他还在大会上宣称,自己首先发现了潜意识固化观念和通便疗法,这成了某些心理分析学家对皮埃尔·让内一通穷追猛打的信号。欧内斯特·琼斯公开和明确谴责皮埃尔·让内不诚实，还声称弗洛伊德的那些发现与皮埃尔·让内毫无关系。[1]1945年，完全无视年代顺序的法国心理分析学家玛德琳·凯夫谴责皮埃尔·让内草率地剽窃了布洛伊尔和弗洛伊德于1893年发表的论文。[2]她说，皮埃尔·让内1889年发表了玛德琳的病历，可当时他并不明白患者被治愈的方法和原因。不过，1893年布洛伊尔和弗洛伊德的论文发表后，他一下就明白了，并且加速应用此种疗法，而且还发表了其他病历，此种说法反而指明，布洛伊尔和弗洛伊德是皮埃尔·让内的模仿者。86岁的老人皮埃尔·让内也许不知道这次攻击，也没做出回应，不过，在维持年轻一代精神分析师对皮埃尔·让内的敌视态度方面，这一做法毫无疑问等于添了把火。

皮埃尔·让内籍籍无名的其他原因可以从他的人格里看出来。他永远保持着一种持续不减的独立性。实际上没人做的了他的主，沙可或里博同样不能。他不属于任何集团或团队。他既没有门徒，也没有流派。任何一种劝诱对他绝对都

---

[1] Ernest Jones. Professor Janet on Psychoanalysis: A Rejoinder. *Journal of Abnormal Psychology*, IX, 1914-1915, pp. 400-410.

[2] Madeleine Cavé. *L'Oeuvre paradoxale de Freud. Essai sur la théorie des névroses*. Paris: Presses Universitaires de France, 1945.

是刀枪不入。为了教学，他需要在索邦大学有个职位，即可在那里开讲心理学，或者在萨尔佩特里耶医院有个诊室，那样他就可以给医学院的学生们讲授临床课。然而，这些他都没有，所以他的教学活动仅限于法兰西公学院，那是一所独立于所有大学的高等学府，常去那里的人都是些专家学者、外国访客、受过良好教育的公众，而非在校生。少数听过他的课的听众感觉如醍醐灌顶，且试图传播他的课程，其中有霍顿牧师，他把皮埃尔·让内讲授的宗教心理学集萃出版了。智利的本杰明·苏伯卡索医生①用西班牙语详细阐述了皮埃尔·让内的心理倾向理论体系。巴塞尔的莱昂哈德·舒瓦茨医生关于皮埃尔·让内的心理学的书籍②在他过世后才得以出版，不幸的是，那成了一部未完成的作品。

皮埃尔·让内的声誉没有像人们预料的那样发光发亮，第三个原因可以从歌德学院文学季刊《时代精神》里寻获。他的心理疗法讲座1909年开讲，1910年，他已经开始专注于心理倾向体系，而撰写《心理治疗药》占用了他好几年时间。由于战事，那本书的出版延误了好几年。1919年，

---

① Benjamin Subercaseaux. *Apuntes de Psicologia Comparada*. Santiago de Chile: Bardi, 1927.

② Leonhard Schwartz. *Die Neurosen und die dynamische Psychologie von Pierre Janet*. Basel: Benno Schwabe, 1950.

那本书真的出版时，当时的公众形成了这样一种印象：皮埃尔·让内的各种观念10年来没什么变化。当时极少有人意识到，他的一些兴趣早已转向新领域。另一方面，在各种思想领域，尤其是政治和风俗领域，战后时期成了普遍动荡和破旧立新时期。随着时间的推移，皮埃尔·让内和青年精神病学家们关注的重点之间的裂痕越来越深。

几乎可以说，冥冥中似乎有某种神秘的宿命在抹除人们对皮埃尔·让内的记忆。1947年2月24日他离世之际，印刷厂大罢工，巴黎见不到任何报纸，因此他的离世几乎一直无人知晓。3月18日，各家报刊重新在街头出现时，由于各种各样的积压信息堆积如山，他离世的消息仅有两行文字。[1]各家影院的确播报了他的离世，不过，由于他生前从未拍摄过动态影像，各影院的做法仅仅是将他的照片投射到屏幕上。人们知道的他存世的唯一录音似乎也消失了。1956年，弗洛伊德诞辰百年之际，萨尔佩特里耶医院举办了纪念活动，还修建了一座纪念碑，以纪念他1885年到1886年间在沙可门诊部的工作访问。作为对比，尽管皮埃尔·让内在萨尔佩特里耶医院完成了对丁女士、玛塞尔、贾丝廷、阿齐里斯、艾琳，以及闻名遐迩的玛德琳和其他人等的著名的研

---

[1] *Le Monde*, March 18, 1947.

究，1959年他诞辰百年之际，没人想到在那里为他修建一座纪念碑。为纪念圣巴伯学院的创建，1960年曾出版过一本纪念册，曾经在那所学院就读的著名人物名单里却没有皮埃尔·让内的名字。更糟糕的是，皮埃尔·让内的各种著作从未获得重印机会，它们正变得越来越稀少和难于弄到手。①

因此，皮埃尔·让内的成就可以被比作一座巨大的，被灰烬埋没的城市，就像庞贝城。任何一座被埋没的城市的命运都是不确定的。也许它会永远保持埋没状态。也许它会保持隐秘状态，同时遭遇掠夺者们的反复掠夺。不过，也许某一天它会被发掘，重新被赋予生命。

总而言之，遗忘女神莱斯摩叙涅的面纱飘落到皮埃尔·让内头上之际，记忆女神谟涅摩叙涅的面纱却被人揭起，照亮了他最大的竞争对手：西格蒙德·弗洛伊德。

---

① 本书作者就此向皮埃尔·让内的前出版人之一提问，对方斩钉截铁地答道："不会，先生，皮埃尔·让内的作品绝不会重印！"
　　不知道这本关于让内的传记（中译本）是否会重印。期待！——编者注

"世图心理"是世界图书出版公司于二十一世纪初创立的心理学图书品牌，至今已有二十多年的发展历程，目前主要有六大图书系列，分别是：萨提亚家庭治疗系列；海灵格家排系列；心理咨询与治疗系列；亲子依恋与儿童发展系列；心理学家经典与探新系列；心理学教材与教辅系列。

一、萨提亚家庭治疗系列

本系列主要是萨提亚本人及其合作者的作品，主要介绍了萨提亚创立的家庭治疗方法，内容涵盖治疗理论、治疗实录与冥想操作指南等，已有二十年的生命周期，惠及数十万读者。

代表作品有《新家庭如何塑造人》《萨提亚家庭治疗模式》《萨提亚治疗实录》等。

二、海灵格家排系列

本系列主要是伯特·海灵格和索菲·海灵格的作品，主要介绍了家族系统排列方法，内容涵盖家排的理论、案例分析与实操指南等，已有二十年的生命周期，惠及数十万读者。

代表作品有《谁在我家（升级版）：海灵格家庭系统排列》《爱的序位：家庭系统排列个案》等。

三、心理咨询与治疗系列

本系列包括国内外心理咨询与治疗流派的创始人及开拓者荣格、克莱茵、艾瑞克森、米纽庆、米杉、伯恩斯、高天、许维素、郑日昌、肖然、易春丽、李旭等人的作品，主题涉及心理咨询技术基础、精神分析/心理动力学心理治疗、客体关系理论、催眠治疗方法、NLP技术、人际沟通分析、本性治疗、音乐治疗、焦点解决短期心理治疗、中医心理治疗、家庭治疗方法等，还特别针对焦虑、抑郁、自闭症、厌学、躯体变形障碍等心理现象给出治疗方法推荐，是一套符合心理咨询师与治疗师职业发展规划的工具书。

代表作品有《心理治疗师的问答艺术》《艾瑞克森催眠治疗理论》《抑郁症的正念认知疗法》《伯恩斯焦虑自助疗法》《音乐治疗导论》《音乐治疗学基础理论》《重建依恋：自闭症的家庭治疗》等。

四、亲子依恋与儿童发展系列

本系列的主题涵盖母婴关系、依恋、儿童的人格发展、思维发展、社会化发展、情商教育、心理健康、学习习惯培养等方面，包括依恋理论之父鲍尔比、心智化理论之父福纳吉、日本国宝级心理学家河合隼雄、山中康裕、米杉等人的代表作。

代表作品有《依恋》《分离》《丧失》《情感依附：为何家会影响我的一生》等。

五、心理学家经典与探新系列

本系列主要包括心理学史上知名心理学家弗洛伊德、荣格、阿德勒、埃里克森、霍妮、弗洛姆、科胡特、罗杰斯、马斯洛、温尼科特、斯滕伯格等人的经典作品，以及新时代的心理学家埃利希·诺伊曼、米哈里·契克森米哈赖、鲁格·肇嘉、迈克尔·路特、罗伯特·莱恩、乔治·范伦特等人的作品。本系列的开发旨在让读者了解心理学史上最有影响力的心理学家和当代知名心理学家的思想，参与一场用心理学的话语体系探讨人性和人的全面发展的对话。

代表作品有《人性能达到的境界》《论人的成长》《童年与社会》等。

六、心理学教材与教辅系列

本系列是"世图心理"专为心理学教学市场开拓的书系,主要包括心理学教材和心理学考研辅导类图书。

代表作品有《人格心理学》《心理学考研重难点手册:基础备考》《心理学考研重难点1200题》等。

联系方式

邮箱:shituxinli@wpc.com.cn

电话:010-64038640